<기적의 한글 학습> 최영환 교수의 받아쓰기 프로그램!
2007년 출간 이래 최고의 베스트셀러!

개정판

# 기적의 받아쓰기

**1권** 소리 나는 대로 쓰기

〈7세~초등 2학년〉

KB191796

길벗스쿨

〈기적의 한글 학습〉 최영환 교수의 국어 능력 향상 프로젝트!
2007년 출간 이래 받아쓰기 분야 최고의 베스트셀러!

# 기 적 의 받 아 쓰 기 개정판 1권

**The Miracle Dictation vol. 1**

**초판 1쇄 발행** · 2012년 2월 1일
**초판 69쇄 발행** · 2025년 2월 11일

**지은이** 최영환
**발행인** 이종원
**발행처** 길벗스쿨
**출판사 등록일** 2006년 6월 16일
**주소** 서울시 마포구 월드컵로 10길 56 (서교동)
**대표 전화** 02)332-0931 **팩스** 02)322-3895
**홈페이지** www.gilbutschool.co.kr **이메일** gilbut@gilbut.co.kr

**기획** 이수란 **담당 편집** 이경은(hey2892@gilbut.co.kr)
**디자인** 이도경 **교정교열** 신경아 **일러스트** 안녕달 **전산편집** 지누커뮤니케이션
**녹음 및 편집** 영레코드 **성우** 엄현정 **CTP 출력 및 인쇄** 대원문화사 **제본** 신정제본

ISBN   978-89-92279-23-9 63710
SET    978-89-92279-27-7
(길벗스쿨 도서번호 10887)

가격 12,000원

독자의 1초를 아껴주는 정성 **길벗출판사**

**길벗스쿨** | 국어학습서, 수학학습서, 영어학습서, 유아동 단행본
**(주)도서출판 길벗** | IT단행본, 성인어학, 교과서, 수험서, 경제경영, 교양, 자녀교육, 취미실용

# 받아쓰기는 외워쓰기가 아닙니다

받아쓰기를 하는 까닭은 단순히 남이 하는 말이나 글을 옮겨 적기 위함이 아닙니다.
이것은 받아쓰기의 기초 목표일 뿐입니다.

받아쓰기를 하는 최종 목표는 다른 사람의 말을 듣고, 그것의 의미를 파악하는 능력을 기르는 것입니다.
받아쓰기를 잘하면 다른 사람의 말소리를 듣고 그 의미를 더 잘 이해하게 됩니다.

학교에서 받아쓰기를 위해 미리 나누어 준 자료에 포함된 낱말이나 문장만 암기해서는 이 목표에 도달할 수
없습니다. 현재의 받아쓰기는 불러 주는 것을 받아쓰는 것이 아니라, 외운 것을 기억해서 쓰는 것입니다.
따라서 이런 방식으로 공부한 사람은 새로운 낱말이나 문장을 부르면 제대로 받아쓰지 못합니다.

받아쓰기 능력이 있는 사람은 말소리와 문자의 대응 관계를 잘 알기 때문에 한 번도 들어 본 적이 없는 낱말
이나 문장이라도 그것이 무슨 낱말인지 빠르고 정확하게 파악할 수 있습니다. 소리와 문자의 대응 관계를
파악하는 원리를 중심으로 받아쓰기 학습을 해야 하는 이유가 바로 여기에 있습니다.

# 머리말

저는 초등학교 저학년 때 받아쓰기를 잘하지 못해서 늘 열 문제 중 두세 개는 틀렸습니다. 저의 받아쓰기 평균 점수는 70점~80점 정도로 기억됩니다. 선생님께서 집에서 받아쓰기를 공부하라고 하셔서 어머니와 열심히 공부하고 다음 날 학교에 가면, 선생님께서는 어제 공부했던 단원의 다음 단원에서 받아쓰기 문제를 내셨습니다. 그러면 저는 또다시 70점 정도의 점수를 유지할 수밖에 없었습니다.

요즘은 제 큰아이가 학교에서 받아쓰기를 합니다. 일주일에 1회~2회 받아쓰기를 하는데, 학교에서 받아쓰기를 할 자료를 미리 15개 정도 인쇄해서 보내 줍니다. 지난주에 공부한 것이 이번 주에 공부할 것보다 더 어려울 때도 많습니다. 집에서 열심히 외워서 학교에 가니 받아쓰기가 아니라 외워쓰기가 되는 것이죠. 무작정 15개를 외우려고 하니 아이도 힘들고, 가르치는 부모로서도 여간 어려운 것이 아닙니다.

이 책은 저의 어린 시절 기억과 제 아이가 요즘 겪는 고통을 바탕으로 만들었습니다. 왜 받아쓰기를 하는가? 받아쓰기를 어떻게 해야 하는가? 내가 정말 받아쓰기를 못하는 것인가? 아니면 받아쓰기 문제가 나쁜 것인가? 어린 시절 나의 질문은 이 시대 아이들의 질문이기도 하고, 부모님의 고민이기도 합니다.

## 받아쓰기는 왜 하는가?

받아쓰기를 하는 이유는 말소리를 글자로 표현할 수 있도록 하기 위해서입니다. 역사적으로 볼 때 과거에는 문자를 사용하는 능력이 사회 지배 계층만의 특권이었습니다. 현대 사회에서는 대부분의 정보가 문자로 전달되기 때문에, 문자를 학습한다는 것은 현대인으로 살아가기 위한 필수 요건이 된 지 오래입니다. 첨단 정보화 시대가 된 지금에 와서는 문자를 통한 의사소통 능력은 더욱 더 중요해졌습니다. 따라서 아이들이 글을 통해 자유롭게 의사소통을 할 수 있는 능력을 길러 주기 위해서 받아쓰기를 하는 것입니다.

## 🌳 받아쓰기를 어떻게 해야 하는가?

받아쓰기는 말소리를 듣고 '소리 나는 대로' 적으면서, '어법에 맞도록' 해야 합니다. 사실 이것이 어렵지요. '소리 나는 대로' 적더라도 '우리'보다는 '연필'이 어렵고, '어법에 맞도록' 해도 '놀이터'보다는 '빗방울'이 어렵습니다. 받아쓰기는 소리와 문자의 대응 관계를 중심으로, 단계적이고, 체계적으로 해야 합니다. 된소리되기, 자음동화, 구개음화 등 모든 것은 원리를 중심으로, 관련된 것끼리 묶어서 학습하여야 합니다.


## 🌳 정말 받아쓰기를 못하는 것인가?

잘 불러 주면 잘 받아쓸 수 있습니다. 무엇을, 어떻게 불러 주는가에 따라 아이들의 받아쓰기 결과는 달라집니다. 아무것이나 닥치는 대로 불러 주면, 아이들은 받아쓰기를 하면서도 그 의미를 찾지 못합니다. 또, 불러 주는 부모님의 발음이 이상해도 틀릴 수밖에 없습니다. 찰떡같이 불러 주어야 찰떡같이 받아쓸 것이 분명합니다.

이 책은 아이들을 위한 책입니다. 받아쓰기가 재미있고, 즐겁고, 유익한 것이 되도록 하기 위하여 만들었습니다. 이 책을 갖고 공부하는 저의 작은아이는 초등학생도 아닌데, 매일 저녁 받아쓰기를 하자고 조르고 있습니다. 원리를 알아 가며 받아쓰는 재미에 푹 빠졌기 때문입니다.

2006년 12월

저자 최영환

 # 받아쓰기에 대한 이해

## 1. 받아쓰기의 개념

문자를 가진 모든 나라는 받아쓰기와 유사한 형태의 지도 과정을 가지고 있습니다. 받아쓰기는 소리와 문자의 대응 관계를 파악하는 능력을 필요로 하기 때문입니다.

국립 국어연구원에서 발행한 표준국어대사전에 의하면 받아쓰기는 다음과 같은 개념을 갖습니다.

> 📖 받아-쓰기
> ❶ 남이 하는 말이나 읽는 글을 들으면서 그대로 옮겨 씀. 또는 그런 일 ≒서취(書取). 받아쓰기 시험
> 부르는 대로 따라 쓴다고 노력했으니 받아쓰기가 제대로 되었는지 모르겠다.
> ❷ 남의 글씨나 글씨체를 그대로 따라 글씨를 씀. 또는 그런 일. 서예의 기본은 받아쓰기 연습에 있다.
> ❸ 목소리나 악기 소리 또는 음악 따위를 듣고 그대로 악보에 옮겨 씀. 또는 그런 일. 그가 부르는 노래는 음정
> 이 엉망이라서 받아쓰기가 쉽지 않다.

## 2. 받아쓰기의 두 과정

초등학교에서 주로 하는 받아쓰기는 표준국어대사전에 제시된 ❶의 개념입니다. 남이 하는 말이나 읽는 글의 소리를 귀로 들어서, 문자로 쓰는 과정이 받아쓰기입니다. 여기에서 두 가지 과정이 존재합니다.

첫째는 귀로 듣는 과정이고, 둘째는 글로 옮기는 과정입니다. 귀로 듣는 과정에서는 소리를 구별해서 들어야 합니다. 소리를 구별하지 못하면 잘 쓸 수 없습니다. 우리나라 사람들은 자음이 19개(ㄱ, ㄴ, ㄷ, ㄹ, ㅁ, ㅂ, ㅅ, ㅇ, ㅈ, ㅊ, ㅋ, ㅌ, ㅍ, ㅎ, ㄲ, ㄸ, ㅃ, ㅆ, ㅉ), 모음 21개(ㅏ, ㅐ, ㅑ, ㅒ, ㅓ, ㅔ, ㅕ, ㅖ, ㅗ, ㅘ, ㅙ, ㅚ, ㅛ, ㅜ, ㅝ, ㅞ, ㅟ, ㅠ, ㅡ, ㅢ, ㅣ)를 구별할 수 있습니다. 그래서 이 40개의 소리만 구별할 수 있으면 일단 받아쓰기를 위한 준비가 되었다고 할 수 있습니다.

받아쓰기와 관련하여, 한글 맞춤법 총칙 제1항에는 "한글 맞춤법은 표준어를 소리대로 적되, 어법에 맞도록 함을 원칙으로 한다."고 규정하고 있습니다.

여기에서 '표준어를 소리대로 적는다.'는 것은 표준어의 발음 형태대로 적는다는 뜻입니다. 발음대로 적으면 받아쓰기가 된다는 뜻으로, 40개의 소리만 구별하고, 그 소리에 따라 적기만 하면 됩니다.

그런데 조건으로 붙어 있는 '어법에 맞도록 함을 원칙으로 한다.'는 것이 문제입니다. 규정의 설명에는 '어법(語法)'이란 언어 조직의 법칙, 또는 언어 운용의 법칙이라고 풀이된다. 어법에 맞도록 한다는 것은, 결국 뜻을 파악하기 쉽도록 하기 위하여 각 형태소의 본 모양을 밝히어 적는다는 말이다.'라고 되어 있습니다. 이 말을 쉽게 풀이하면 소리대로 적지 말고 원래의 형태를 적어야 한다

는 것입니다. 즉, 받아쓰기를 할 때 소리 나는 대로 적으면 안 되고, 원래의 형태를 생각해서 소리와는 다르게 적는 것이 있다는 뜻입니다. 여기에서 받아쓰기의 어려움이 발생합니다.

## 3. 받아쓰기의 지도 순서

현재 대부분의 초등학교에서 받아쓰기를 합니다. 매주 1회~2회 정도 받아쓰기를 하는데, 학교에서 미리 받아쓰기를 할 자료를 나누어 주고 공부를 하게 됩니다. 그런데, 이 자료는 일정한 받아쓰기 원리에 의해 만들어진 것이 아니라, 국어과를 중심으로 한 교재에서 어려운 낱말이나 문장을 골라 나열한 것입니다. 그렇지만 초등학교 교과서의 낱말이나 문장이 어려운 순서에 따라 사용된 것은 아니므로 이런 지도 순서는 일정한 원리가 없습니다. 그래서 매주 받아쓰기의 목표가 분명하지 않고, 받아쓰기 자료들 사이의 체계도 없습니다. 그래서 가르치는 사람과 배우는 사람 모두 학습의 초점이 무엇인지 알지 못합니다. 이런 방식으로 받아쓰기 능력이 향상된다고 하기도 어렵습니다.

이런 문제를 해결하기 위하여, 이 책에서는 받아쓰기를 소리와 문자의 대응 관계를 중심으로 체계화하여 제시하였습니다. 소리와 문자가 일치하는 것은 쉽고 일치하지 않는 것은 어렵고, 받침이 없는 것은 쉽고 받침이 있는 것은 어려우며, 받침이 뒤의 모음에 연결되어 발음되는 것(연음)은 쉽고 받침과는 다른 발음으로 나타나는 것(대표음)이나 자음이 서로 닮아 가는 것(자음동화) 등은 어렵습니다. 이 책은 철저하게 이 순서를 반영하여 학습의 난이도를 조절하고 체계적인 학습이 가능하도록 하였습니다.

## 4. 받아쓰기의 도달 목표

받아쓰기를 하는 까닭은 '남이 하는 말이나 읽는 글'을 옮겨 적기 위한 것이 아닙니다. 이것은 단순히 받아쓰기의 기초 목표일뿐입니다 .받아쓰기를 하는 최종 목표는 다른 사람의 말을 듣고 그것의 의미를 파악하는 능력을 기르는 것입니다. 즉, 받아쓰기를 잘 하면 다른 사람의 말소리를 듣고 그 의미를 더 잘 이해하게 됩니다. 학교에서 받아쓰기를 위해 나누어 준 자료에 포함된 낱말이나 문장만 암기해서는 이 목표에 도달할 수 없습니다. 현재의 받아쓰기는 부르는 것을 받아쓰는 것이 아니라, 외운 것을 기억해서 쓰는 것입니다. 따라서 이런 방식으로 공부한 사람은 새로운 낱말이나 문장을 부르면 제대로 받아쓰지 못합니다.

받아쓰기 능력이 있는 사람은 말소리와 문자의 대응 관계를 잘 알기 때문에, 한 번도 들어 본 적이 없는 낱말이나 문장이라도 그것이 무슨 낱말인지 어떤 문장인지 빠르고 정확하게 파악할 수 있습니다. 소리와 문자의 대응 관계를 파악하는 원리를 중심으로 받아쓰기 학습을 해야 하는 이유가 바로 여기에 있습니다.

 이 책의 구성

이 책은 받아쓰기 능력을 길러 주기 위해 크게 두 가지 측면에서 접근하였습니다.

## 1. 원리 중심의 학습

이 책은 받아쓰기의 원리를 학습할 수 있는 체계적인 학습이 되도록 하기 위하여 총 4권 16장 40단계로 체계를 구성하였습니다. 1권은 소리와 문자가 일치하는 것만을 담았고, 2권~4권은 소리와 문자가 일치하지 않는 것을 담았습니다. 각 권은 4개의 장으로 구성되며, 각 장은 2~3개의 학습 목표 군으로 이루어졌습니다.

| 1권 | 1장 | 받침이 없는 쉬운 음절 | 1단계 | 쉬운 모음과 자음이 있는 음절을 써요 |
| | | | 2단계 | 어려운 자음이 있는 음절을 써요 |
| | | | 3단계 | 헷갈리는 모음이 있는 음절을 써요 |
| | 2장 | 받침이 있는 쉬운 음절 | 4단계 | 받침 'ㅇ, ㄹ, ㅁ'이 있는 음절을 써요 |
| | | | 5단계 | 받침 'ㄱ, ㄴ, ㅂ'이 있는 음절을 써요 |
| | 3장 | 받침이 없는 어려운 음절 | 6단계 | 모음 'ㅝ, ㅟ'를 구별해요 |
| | | | 7단계 | 모음 'ㅐ, ㅔ, ㅢ'를 구별해요 |
| | | | 8단계 | 모음 'ㅚ, ㅙ, ㅞ'를 구별해요 |
| | 4장 | 받침이 있는 어려운 음절 | 9단계 | 받침과 어려운 모음이 있는 음절을 써요 1 |
| | | | 10단계 | 받침과 어려운 모음이 있는 음절을 써요 2 |

| 2권 | 1장 | 연음법칙 1 | 11단계 | 받침 'ㄹ, ㅁ'이 뒤로 넘어가요 |
| | | | 12단계 | 받침 'ㄱ, ㄴ, ㅂ'이 뒤로 넘어가요 |
| | | | 13단계 | 어려운 모음 아래 받침이 뒤로 넘어가요 |
| | 2장 | 연음법칙 2 | 14단계 | 받침 'ㅋ, ㄲ, ㅍ'이 뒤로 넘어가요 |
| | | | 15단계 | 받침 'ㄷ, ㅅ, ㅆ, ㅈ, ㅊ, ㅌ'이 뒤로 넘어가요 |
| | 3장 | 된소리되기 1 | 16단계 | 받침 'ㄱ, ㄷ, ㅂ' 때문에 된소리가 나요 |
| | | | 17단계 | 받침 'ㄴ, ㄹ, ㅁ, ㅇ' 때문에 된소리가 나요 |
| | | | 18단계 | 어려운 모음 아래 받침 때문에 된소리가 나요 |
| | 4장 | 된소리되기 2 | 19단계 | 'ㅋ, ㄲ, ㅍ' 때문에 된소리가 나요 |
| | | | 20단계 | 'ㅅ, ㅆ, ㅈ, ㅊ, ㅌ' 때문에 된소리가 나요 |

| 3권 | 1장 | 구개음화와 거센소리되기 | 21단계 | 'ㄷ'을 'ㅈ'으로 발음해요 |
| | | | 22단계 | 'ㅎ' 뒤에서 거센소리가 나요 |
| | | | 23단계 | 받침 때문에 'ㅎ'이 바뀌어요 |
| | 2장 | 음절의 끝소리 | 24단계 | 받침을 'ㅂ'과 'ㄱ'으로 발음해요 |
| | | | 25단계 | 받침을 'ㄷ'으로 발음해요 |
| | 3장 | 자음동화 | 26단계 | 'ㄱ, ㄲ, ㅋ'의 발음이 달라져요 |
| | | | 27단계 | 'ㄷ, ㅂ'의 발음이 달라져요 |
| | | | 28단계 | 'ㄴ, ㄹ'의 발음이 달라져요 |
| | 4장 | 틀리기 쉬운 것들 | 29단계 | 된소리로 쓰면 안 돼요 |
| | | | 30단계 | 소리는 같지만 글자가 달라요 |

| 4권 | 1장 | 사이시옷 | 31단계 | 뒷말의 첫소리가 된소리로 나요 |
| | | | 32단계 | 앞말에 'ㄴ' 소리가 덧나요 |
| | | | 33단계 | 앞말과 뒷말에 'ㄴ' 소리를 두 번 붙여요 |
| | 2장 | 겹받침 쓰기 | 34단계 | 받침이 두 개일 때 이렇게 발음해요 1 |
| | | | 35단계 | 받침이 두 개일 때 이렇게 발음해요 2 |
| | 3장 | 음운첨가 | 36단계 | 'ㄴ' 소리를 넣어서 발음해요 |
| | | | 37단계 | 'ㄹ' 소리를 넣어서 발음해요 |
| | | | 38단계 | 두 낱말 사이에 'ㄴ'이나 'ㄹ'을 넣어 발음해요 |
| | 4장 | 외워야 할 것들 | 39단계 | 외워서 써야 해요 |
| | | | 40단계 | '이'나 '히'로 써요 |

각 장의 뒤에는 중간 평가를 두고, 2개 장씩 묶어 종합 평가를 통해 학습 내용을 정리할 수 있도록 하였습니다.

## 2. 자기 주도 학습 적용

받아쓰기는 학습자가 원리를 알고 적용할 수 있어야 합니다. 누군가가 불러 주는 것을 받아쓰는 것이라는 생각 때문에 받아쓰기는 혼자 학습할 수 없다고 생각하기도 하는데, 이 책은 이런 편견을 없앴습니다. 즉 학습자가 스스로 혼자 학습하고, 이를 교사나 학부모가 확인하기 위해 받아쓰기를 하도록 구성하였습니다. 이를 위해 크게 다음의 8개 요소를 일정한 순서에 따라 배열하였습니다.

**어구와 문장 받아쓰기 ❶, ❷**
**학습 방법** | 핵심 요소 파악, 준비 학습
**참여 주체** | 학습자

**어구와 문장 연습하기 ❷**
**학습 방법** | 핵심 요소 파악, 준비 학습
**참여 주체** | 학습자

**어구와 문장 연습하기 ❶**
**학습 방법** | 핵심 요소 파악, 준비 학습
**참여 주체** | 학습자

**낱말 받아쓰기 ❶, ❷**
**학습 방법** | 핵심 요소 파악, 준비 학습
**참여 주체** | 학습자

**낱말 연습하기 ❷**
**학습 방법** | 핵심 요소 파악, 준비 학습
**참여 주체** | 학습자

**낱말 연습하기 ❶**
**학습 방법** | 핵심 요소 파악, 준비 학습
**참여 주체** | 학습자

**기초 연습**
**학습 방법** | 핵심 요소 파악, 준비 학습
**참여 주체** | 학습자

출발

이 책을 통해 학습자는 스스로 학습하면서 받아쓰기의 일정 단계에 필요한 원리를 알게 되고, 교사나 학부모와 함께 받아쓰기를 하면서 학습한 내용을 점검하고 재확인하게 됩니다. 또한 낱말을 중심으로 중점 학습 내용을 연습하고, 문장을 통해 그 결과를 적용하는 연습을 하게 됩니다.

# 이 책을 보는 방법

## ❶ 목표 확인

이 책은 받아쓰기를 40단계로 나누어서 차례로 공부합니다. 단계의 이름은 소리와 문자의 관계에 대한 설명이고, 목표는 그 중에서 초점으로 두어야 할 것에 대한 안내입니다. 목표를 늘 생각하면서 학습하면 학습 효과가 높고 학습 내용을 오래 기억할 수 있습니다.

## ❷ 준비 학습(연습하기)

받아쓰기를 하기 전에 미리 준비를 합니다. 운동을 하기 전에 적당한 준비 운동이 필요하듯이, 받아쓰기 전에 학습할 내용의 기초가 되는 것을 살펴봅니다. 몇 개의 글자에 집중하면 받아쓰기를 하는 데 도움이 됩니다.

## ❸ 낱말 연습하기 1(1회)

★ 아이 스스로 공부하게 하십시오.

받아쓰기는 낱말에서부터 시작해서 어구나 문장으로 확장합니다. 낱말도 그림을 통해 뜻을 알려 주고, 글자도 보여 주어, 아이가 글자를 보고 익히는 단계입니다.

## ❹ 낱말 연습하기 2(2회)

★ 아이 스스로 공부하게 하십시오.

수수께끼처럼 만들어서 혼자서 재미있게 공부할 수 있습니다. 글자의 형태를 익힐 수 있도록 하는 단계이고, 틀리기 쉬운 것과 섞여 있어서 아이가 무엇을 어려워하는지 판단할 수 있는 자료가 됩니다.

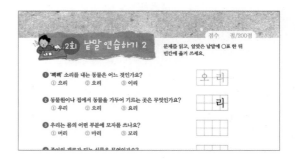

★**중간 평가 1, 2회** – 각 장이 끝날 때마다 그 장에서 배운 내용을 확인합니다.

★**종합 평가 1, 2회** – 2개의 장이 끝날 때마다 그 장에서 배운 내용을 확인합니다.

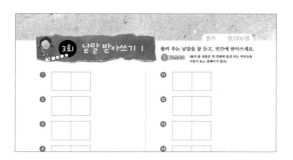

### ⑤ 낱말 받아쓰기 1, 2(3회, 4회)

★ 선생님이나 부모님과 함께 공부하십시오.

받아쓰기는 불러 주는 말을 글자로 옮기는 것입니다. 학습할 목표가 반영된 낱말들만 골라서 불러 주게 하였습니다. 40개의 낱말이 있으므로 1~4회로 나누어 사용할 수 있습니다. 문제에 🎧이 있는 페이지는 길벗스쿨 홈페이지(www.gilbutschool.co.kr)에서 불러 주기용 MP3 파일이 제공됩니다. 부모님께서 직접 불러 주실 것을 권장하지만, 어려우실 경우 홈페이지에 있는 파일을 다운받아 사용해 주십시오.

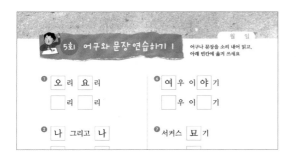

### ⑥ 어구와 문장 연습하기 1(5회)

★ 아이 스스로 공부하게 하십시오.

낱말이 문장 속에 있을 때에도 틀리지 않고 받아쓸 수 있도록 연습하는 과정입니다. 두 개 이상의 낱말을 비교하면서 차이를 확인하도록 했으므로 정확하게 기억하는 데 도움이 됩니다.

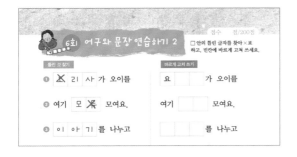

### ⑦ 어구와 문장 연습하기 2(6회)

★ 아이 스스로 공부하게 하십시오.

잘못 쓴 글자를 보면서 고치도록 하는 과정입니다. 다른 사람이 틀리게 쓴 것을 고치면서 바른 형태를 알게 됩니다. 문장 받아쓰기를 위한 마지막 준비 과정이므로 열심히 해야 합니다.

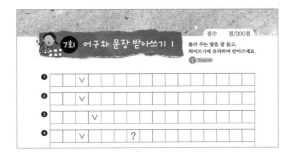

### ⑧ 어구와 문장 받아쓰기 1, 2(7회, 8회)

★ 선생님이나 부모님과 함께 공부하십시오.

받아쓰기의 마지막 과정입니다. 어구와 문장 속의 낱말을 잘 받아쓸 수 있는지 확인합니다. 문제에 🎧이 있는 페이지는 길벗스쿨 홈페이지(www.gilbutschool.co.kr)에서 불러 주기용 MP3 파일이 제공됩니다. 부모님께서 직접 불러 주실 것을 권장하지만, 어려우실 경우 홈페이지에 있는 파일을 다운받아 사용해 주십시오.

★홈페이지에 제공된 불러 주기용 파일은 MBC 성우의 음성으로, 정확한 발음을 제공합니다.

★이 책에 실린 모든 낱말의 맞춤법과 띄어쓰기는 국립국어원의 표준국어대사전에 의거합니다.

# 차례

## 1장··· 받침이 없는 쉬운 음절

### 제 1단계  쉬운 모음과 자음이 있는 음절을 써요  14

### 제 2단계  어려운 자음이 있는 음절을 써요  24

### 제 3단계  헷갈리는 모음이 있는 음절을 써요  34

## 2장··· 받침이 있는 쉬운 음절

### 제 4단계  받침 'ㅇ, ㄹ, ㅁ'이 있는 음절을 써요  48

### 제 5단계  받침 'ㄱ, ㄴ, ㅂ'이 있는 음절을 써요  58

# 쉬운 모음과 자음이 있는 음절을 써요

★이것을 공부해요★

그림에서 가게 아저씨가 어리둥절해하고 있네요.

아이가 엄마가 불러 준 낱말을 정확하게 받아 적지 못해서 가게 주인 아저씨가 알아보지 못하기 때문이에요.

★학습 목표★

• 모음 'ㅏ, ㅓ, ㅗ, ㅜ'와 'ㅑ, ㅕ, ㅛ, ㅠ'의 모양과 소리 구별하기
• 자음 'ㅇ, ㄱ, ㄴ, ㄷ, ㄹ, ㅁ, ㅂ, ㅅ, ㅈ'의 모양과 소리 구별하기

❶ 빈칸에 맞는 글자를 쓰고, 소리 내어 읽어 보세요.

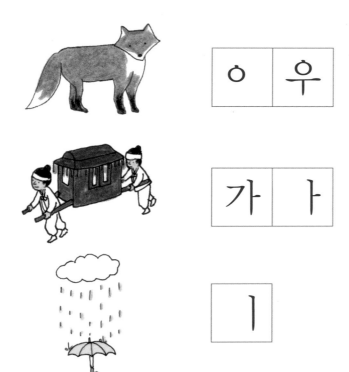

| ㅇ | 우 |
|---|---|

| 가 | ㅏ |
|---|---|

| ㅣ |
|---|

❷ 다음 그림과 낱말을 보고, 소리 내어 읽은 후 빈칸에 옮겨 쓰세요.

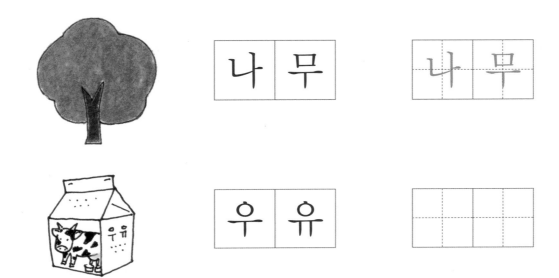

| 나 | 무 |
|---|---|

| 나 | 무 |
|---|---|

| 우 | 유 |
|---|---|

|  |  |
|---|---|

**1회 낱말 연습하기 1**

빈칸에 글자를 옮겨 쓰고, 소리 내어 읽어 보세요.

**1**  소

**2**  아 기

**3**  바 지 　바

**4**  두 부 　두

**5**  거 미

---

**6**  요 요 　요

**7**  여 자 　여

**8** 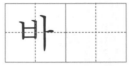 여 우

**9** 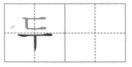 어 머 니

**10**  아 버 지

**2회  낱말 연습하기 2**

문제를 읽고, 알맞은 낱말에 ○표 한 뒤
빈칸에 옮겨 쓰세요.

**1** '꽥꽥' 소리를 내는 동물은 어느 것인가요?
① 으리      ② 오리      ③ 이리

| 오 | 리 |
|---|---|

**2** 동물원이나 집에서 동물을 가두어 기르는 곳은 무엇인가요?
① 우리      ② 오리      ③ 요리

|  | 리 |
|---|---|

**3** 우리는 몸의 어떤 부분에 모자를 쓰나요?
① 머리      ② 마리      ③ 모리

**4** 종이의 재료가 되는 식물은 무엇인가요?
① 나무      ② 너무      ③ 나모

**5** 아랫도리에 입는 옷은 어느 것인가요?
① 버지      ② 비자      ③ 바지

**6** 남자가 자기보다 나이 많은 여자 형제를 부르는 말은 무엇인가요?
① 누나      ② 노나      ③ 누너

**7** 투명하고 잘 깨지는 것으로 창문에 쓰이는 것은 무엇인가요?
① 우리      ② 오리      ③ 유리

**8** '남자'의 반대되는 말은 무엇인가요?
① 여쟈      ② 여자      ③ 어자

**9** 나를 낳아 주신 분은 누구인가요?
① 아마니      ② 어머니      ③ 너머니

**10** 삶아서 먹으면 단맛이 나는 음식은 무엇인가요?
① 고구미      ② 교구마      ③ 고구마

17

## 3회 낱말 받아쓰기 1

불러 주는 낱말을 잘 듣고, 빈칸에 받아쓰세요.

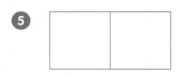 Track-02 　(불러 줄 내용은 책 뒤편에 분권 되는 학부모용
지침서 또는 홈페이지 참조)

1

2

3

4

5

6

7

8

9

10

11

12

13

14

15

16

17

18

19

20

## 4회　낱말 받아쓰기 2

불러 주는 낱말을 잘 듣고, 빈칸에 받아쓰세요.

Track-03

❶

❷

❸

❹

❺

❻

❼

❽

❾

❿

⓫

⓬

⓭

⓮

⓯

⓰

⓱

⓲

⓳

⓴

어구나 문장을 소리 내어 읽고,
아래 빈칸에 옮겨 쓰세요.

월    일

① 오 리 요 리

　 리 　 리

② 나 그리고 너

　 그리고 　

③ 우 주 비행사

　 　 비행사

④ 누 나의 구 두

　 나의 　 　

⑤ 야 구 선 수

　 구 선 　

⑥ 여 우 이 야 기

　 우 이 　 기

⑦ 서커스 묘 기

서커스 　 기

⑧ 교 가를 부르 며

　 가를 부르 　

⑨ 벼 가 겨 우 자라서

　 가 　 우 자라서

⑩ 여 기서 기다 려 요.

　 기서 기다 　 요.

20

## 6회 어구와 문장 연습하기 2

□ 안의 틀린 글자를 찾아 ×표
하고, 빈칸에 바르게 고쳐 쓰세요.

**틀린 것 찾기**　　　　　　　**바르게 고쳐 쓰기**

① ⊠ 리 사 가 오이를　　　요 　 　 가 오이를

② 여기 모 ⊠ 모여요.　　　여기 　 　 모여요.

③ 이 아 기 를 나누고　　　 　 　 　 를 나누고

④ 종이에 그 ⊠ 요 .　　　종이에 　 　 　 .

⑤ 친구를 기 다 려 요 .　　　친구를 　 　 　 　 .

⑥ 미 너 와 야 슈　　　 　 　 와 　 　

⑦ 아 벼 지 의 규 두　　　 　 　 　 의 　 　

⑧ 우 우 를 마 서 요 .　　　 　 　 를 　 　 　 .

⑨ 소 가 우는 쇼 리　　　 　 가 우는 　 　

⑩ 뉴 나 가 누 스 보다가　　　 　 　 가 　 　 보다가

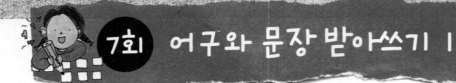

점수        점/200점

불러 주는 말을 잘 듣고,
띄어쓰기에 유의하며 받아쓰세요.

 Track-04

**1** 　　　∨

**2** 　　　∨

**3** 　　　　∨

**4** 　　　∨　　　　?

**5** 　　　∨　　　∨

**6** 　　　　∨　　　　.

**7** 　∨　　　　∨

**8** 　　　∨　　∨

**9** 　　　∨　　　　.

**10** 　　　　∨　　　.

**11** 　　　∨

**12** 　　∨　　　∨　　　.

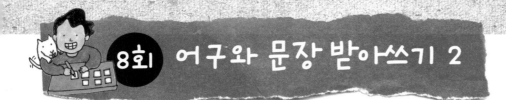

# 8회 어구와 문장 받아쓰기 2

불러 주는 말을 잘 듣고,
띄어쓰기에 유의하며 받아쓰세요.

 Track-05

**1** [ ] [ ] [ ] [∨] [ ] [ ] [?] [ ] [ ] [ ] [ ] [ ] [ ]

**2** [ ] [ ] [ ] [∨] [ ] [ ] [ ] [ ] [ ] [ ] [ ] [ ] [ ]

**3** [ ] [ ] [ ] [∨] [ ] [ ] [?] [ ] [ ] [ ] [ ] [ ] [ ]

**4** [ ] [ ] [∨] [ ] [ ] [ ] [ ] [ ] [ ] [ ] [ ] [ ] [ ]

**5** [ ] [ ] [∨] [ ] [ ] [?] [ ] [ ] [ ] [ ] [ ] [ ] [ ]

**6** [ ] [∨] [ ] [ ] [∨] [ ] [?] [ ] [ ] [ ] [ ] [ ] [ ]

**7** [ ] [ ] [ ] [∨] [ ] [ ] [ ] [ ] [ ] [ ] [ ] [ ] [ ]

**8** [ ] [ ] [ ] [∨] [ ] [ ] [ ] [ ] [.] [ ] [ ] [ ] [ ]

**9** [ ] [∨] [ ] [ ] [∨] [ ] [ ] [ ] [.] [ ] [ ] [ ] [ ]

**10** [ ] [∨] [ ] [ ] [∨] [ ] [ ] [ ] [ ] [ ] [ ] [ ] [ ]

**11** [ ] [∨] [ ] [∨] [ ] [ ] [ ] [ ] [ ] [ ] [ ] [ ] [ ]

**12** [ ] [∨] [ ] [ ] [∨] [ ] [ ] [ ] [ ] [ ] [ ] [ ] [ ]

# 어려운 자음이 있는 음절을 써요

★이것을 공부해요★

그림에서 아이는 왜 '파도'를 '바도'로, '코끼리'를 '코기리'로 썼을까요?
'ㅍ'과 'ㅂ'을 구별하지 못했고, 'ㄲ'과 'ㄱ'을 헷갈렸기 때문이랍니다.

★학습 목표★

• 자음 'ㅊ, ㅋ, ㅌ, ㅍ, ㅎ'의 모양과 소리 구별하기
• 자음 'ㄲ, ㄸ, ㅃ, ㅆ, ㅉ'의 모양과 소리 구별하기

❶ 보기 처럼 'ㅊ, ㅋ, ㅌ, ㅍ, ㅎ'이 들어 있는 낱말은 ○표, 'ㄲ, ㄸ, ㅃ, ㅆ, ㅉ'이 들어 있는 낱말
은 △표를 하면서 읽어 보세요.

| 보기 | 하마 꼬리 | |
|---|---|---|
| 파도 | 기차 | 타조 |
| 오빠 | 토끼 | 호두 |
| 따오기 | 코끼리 | 카드 |

❷ 다음 그림과 낱말을 보고, 소리 내어 읽은 후 빈칸에 옮겨 쓰세요.

| 포 | 도 |
| 포 | |

| 타 | 조 |
| 타 | |

| 토 | 끼 |
| | |

**1회 낱말 연습하기 1**

빈칸에 글자를 옮겨 쓰고, 소리 내어 읽어 보세요.

월    일

①  | 기 | 차 |   |   | 차 |

② | 고 | 추 |   |   | 추 |

③ | 치 | 마 |

④ | 호 | 두 |

⑤ | 하 | 마 |

- - - - - - - - - - - - - - - - - - - - - - - - - - - - - - - - - - -

⑥ | 뿌 | 리 |

⑦ 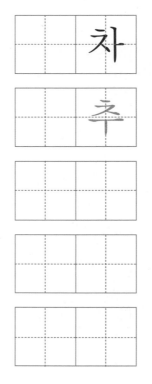 | 도 | 끼 |

⑧ | 조 | 끼 |   |   | 끼 |

⑨ | 까 | 치 |

⑩ | 코 | 끼 | 리 |   | 끼 |   |

26

점수    점/200점

문제를 읽고, 알맞은 낱말에 ○표 한 뒤
빈칸에 옮겨 쓰세요.

❶ 우리가 다른 장소로 갈 때 타며 바퀴가 있는 것은 무엇인가요?
① 짜      ② 차      ③ 자

| 차 | |
|---|---|
| | |

❷ 냄새를 맡을 수 있는 우리 몸의 신체 기관은 무엇인가요?
① 꼬      ② 고      ③ 코

| | |
|---|---|
| | |

❸ 보라색 동그란 알맹이가 여러 개 달려 있는 과일은 무엇인가요?
① 보도      ② 포도      ③ 포또

| | | |
|---|---|---|
| | | |

❹ 아주 매운 야채로, 빨간색이나 초록색을 띤 채소는 무엇인가요?
① 고주      ② 고추      ③ 코추

| | | |
|---|---|---|
| | | |

❺ 낮 12시부터 해가 질 때까지의 시간을 무엇이라고 하나요?
① 호우      ② 오우      ③ 오후

| | | |
|---|---|---|
| | | |

❻ 부모님께 공손하게 대하고, 기쁘게 해 드리는 일을 무엇이라고 하나요?
① 효도      ② 표도      ③ 요도

| | | |
|---|---|---|
| | | |

❼ 여자 동생보다 먼저 태어난 남자 형제를 무엇이라고 하나요?
① 오바      ② 오파      ③ 오빠

| 오 | |
|---|---|
| | |

❽ 동물의 엉덩이에 붙어 있는 신체 기관은 무엇인가요?
① 고리      ② 코리      ③ 꼬리

| | 리 |
|---|---|
| | |

❾ 검정색과 흰색의 건반으로 이루어진 악기는 무엇인가요?
① 피아노      ② 비아노      ③ 삐아노

| | | 노 |
|---|---|---|
| | | |

❿ 코가 아주 긴 동물의 이름은 무엇인가요?
① 코끼리      ② 꼬끼리      ③ 코기리

| | | |
|---|---|---|
| | | |

불러 주는 낱말을 잘 듣고, 빈칸에 받아쓰세요.

 Track-06

**1**

**2**

**3**

**4**

**5**

**6**

**7**

**8**

**9**

**10**

**11**

**12**

**13**

**14**

**15**

**16**

**17**

**18**

**19**

**20**

# 4회 낱말 받아쓰기 2

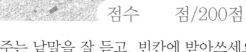

불러 주는 낱말을 잘 듣고, 빈칸에 받아쓰세요.

Track-07

1

2

3

4

5

6

7

8

9

10

11

12

13

14

15

16

17

18

19

20

## 5회 어구와 문장 연습하기 1

어구나 문장을 소리 내어 읽고,
아래 빈칸에 옮겨 쓰세요.

**1** 효 도 하 기

☐ 도 ☐ 기

**2** 오 빠 가 아 파 요.

오 ☐ 가 아 ☐ 요.

**3** 까 치 우는 소리

☐ ☐ 우는 소리

**4** 타 조는 빠 르다.

☐ 조는 ☐ 르다.

**5** 키 가 너무 커 서

☐ 가 너무 ☐ 서

**6** 허 리를 펴 요.

☐ 리를 ☐ 요.

**7** 도 끼 로 느 티 나무를

도 ☐ 로 느 ☐ 나무를

**8** 기 차 를 타고 떠 나요.

☐ ☐ 를 타고 ☐ 나요.

**9** 바다에서 파 도 타 기

바다에서 ☐ ☐ ☐ 기

**10** 아 빠 는 이 쑤 시개를

아 ☐ 는 이 ☐ 시개를

## 6회 어구와 문장 연습하기 2

점수　　점/200점

□ 안의 틀린 글자를 찾아 ×표 하고, 빈칸에 바르게 고쳐 쓰세요.

**틀린 것 찾기**　　　　　　　　**바르게 고쳐 쓰기**

① 여 기 ~~꺼~~ 지 따라와요.　　　　까　　 따라와요.

② 오 주 머 니 가 커요.　　　　　　　　 가 커요.

③ 오 후 부 ~~더~~ 비가 와요.　　　　　　 비가 와요.

④ 가 가 쓰 로 고치고　　　　　　　　 고치고

⑤ 나무 뿌 리 카 지 뽑아　　나무 　　　　　　 뽑아

⑥ 포도 모양으로 ~~꾸~~ 미 기　　포도 모양으로

⑦ 자꾸 ~~꺼~~ ~~꾸~~ 로 가지 마.　　자꾸 　　　　 가지 마.

⑧ 전등을 껴 고 끄 기　　전등을

⑨ 코 기 리 아 저 시　　　　　 리 아

⑩ 느 띠 나무 위, 토 기　　　　 나무 위,

점수      점/200점

불러 주는 말을 잘 듣고,
띄어쓰기에 유의하며 받아쓰세요.

 Track-08

**1**

**2**

**3**

**4**

**5**

**6**

**7**

**8**

**9**

**10**

**11**

**12**

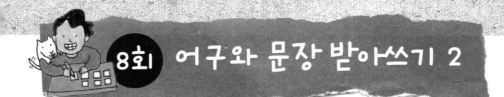

점수     점/200점

불러 주는 말을 잘 듣고,
띄어쓰기에 유의하며 받아쓰세요.

 Track-09

# 헷갈리는 모음이 있는 음절을 써요

★이것을 공부해요★

그림에서 수희가 낱말을 틀리게 쓴 까닭은 모음 'ㅔ'와 'ㅐ'를 구별하지 못했기 때문이에요.

한글은 소리를 잘 구별해서 들어야 글자를 바르게 쓸 수 있어요.

★학습 목표★

• 모음 'ㅏ'와 'ㅘ'를 구별하기
• 모음 'ㅐ'와 'ㅔ'를 구별하기

연습하기

❶ 보기 처럼 'ㅐ'가 나오는 낱말에 ○표, 'ㅔ'가 나오는 낱말에 △표, 'ㅘ'가 나오는 낱말에 □표를 해 보세요.

| 보기 | ⬭개⬭ 미 △세△ 모 ☐도 화☐ 지 | |
|---|---|---|
| 재주 | 게 | 고래와 새우 |
| 배추 | 네가 | 이야기해 봐요. |
| 도르래 | 모레 | 대나무와 소나무 |

❷ 다음 그림과 낱말을 보고, 소리 내어 읽은 후 빈칸에 옮겨 쓰세요.

조 개          조 개

그 네          그 네

소 화 기

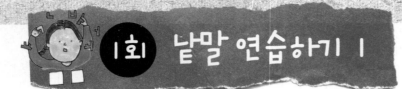

## 1회 낱말 연습하기 1

빈칸에 글자를 옮겨 쓰고, 소리 내어 읽어 보세요.

①  사 과 ／ 과

② 과 자 ／ 자

③ 기 와 ／ 기

④ 게 ／

⑤ 개 미 ／

- - - - - - - - - - - - - - - - - - - - - - - - - - - - - - - - - - - - - - - - - - - - - - - - - - - - - - - - -

⑥  고 래 ／

⑦ 조 개 ／

⑧ 개 구 리 ／ 구 리

⑨ 무 지 개 ／

⑩ 대 나 무 ／ 나 무

## 2회 낱말 연습하기 2

문제를 읽고, 알맞은 낱말에 ○표 한 뒤
빈칸에 옮겨 쓰세요.

❶ 그림을 그릴 때 쓰는 종이는 무엇인가요?
　① 도하지　　② 도화지

❷ '보아요'를 줄여 쓴 말은 어느 것인가요?
　① 봐요　　　② 바요

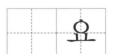

❸ 지붕을 덮기 위해 흙으로 만든 것은 무엇인가요?
　① 기아　　　② 기와

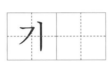

❹ 삼각형을 다른 말로 무엇이라고 부르나요?
　① 세모　　　② 새모

❺ 내일의 다음 날을 무엇이라고 하나요?
　① 모래　　　② 모레

❻ 오늘의 바로 하루 전날을 무엇이라고 하나요?
　① 어재　　　② 어제

❼ 연필로 쓴 것을 지울 때 쓰는 것은 무엇인가요?
　① 지우개　　② 지우게　　③ 지후개

❽ '만나다'의 반대되는 말은 어느 것인가요?
　① 해어지다　② 헤어지다

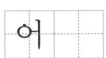

❾ 도화지나 종이에 그림을 그리는 도구는 무엇인가요?
　① 크래파스　② 크레파스

❿ 전화를 받을 때 맨 처음 하는 말은 무엇인가요?
　① 여보새요　② 여보세요

점수    점/200점

 **3회** **낱말 받아쓰기 1**

불러 주는 낱말을 잘 듣고, 빈칸에 받아쓰세요.

 Track-10

1

2

3

4

5

6

7

8

9

10

11

12

13

14

15

16

17

18

19

20

# 4회 낱말 받아쓰기 2

불러 주는 낱말을 잘 듣고, 빈칸에 받아쓰세요.

 Track-11

1. 
2. 
3. 
4. 
5. 
6. 
7. 
8. 
9. 
10. 

11. 
12. 
13. 
14. 
15. 
16. 
17. 
18. 
19. 
20.

❶ 개 와 게

☐ 와 ☐

❷ 내 가 / 네 가

☐ 가 / ☐ 가

❸ 참 새 와 제 비

참 ☐ 와 ☐ 비

❹ 자 세 도 바르 게

자 ☐ 도 바르 ☐

❺ 체 조도 배 우고

☐ 조도 ☐ 우고

❻ 도 와 드리자.

도 ☐ 드리자.

❼ 도 화 지 에 그려요.

도 ☐ 지 ☐ 그려요.

❽ 자 세 히 봐 요.

자 ☐ 히 ☐ 요.

❾ 화 내 지 마 세 요.

☐ ☐ 지 마 ☐ 요.

❿ 비가 세 차 게 내 려요.

비가 ☐ ☐ ☐ ☐ 려요.

**틀린 것 찾기**　　　　　　　　**바르게 고쳐 쓰기**

① 지 우 ~~개~~ 사러 가자.　　　　　　개 사러 가자.

② 채 조 도 배우고　　　　　　　　도 배우고

③ 오 레 오 레 사세요.　　　　　　사세요.

④ 흥부와 재 비 다 리　　　흥부와

⑤ 어머니와 해 어 지 고　　어머니와

⑥ 참새가 노 래 하 내 .　　참새가 .

⑦ 도 와 지 에 그려.　　　　　그려.

⑧ 새 모 내 모 동그라미　　　　동그라미

⑨ 배 개 를 배 고 자요.　　　　를 자요.

⑩ 사 과 ~~쎄~~ ~~개~~ 주세요.　　　주세요.

41

점수     점/200점

불러 주는 말을 잘 듣고,
띄어쓰기에 유의하며 받아쓰세요.

 Track-12

**1** |   |   | ∨ |   |   |   |   |   |   |   |   |   |   |   |
**2** |   |   |   | ∨ |   |   |   |   |   |   |   |   |   |   |
**3** |   |   |   | ∨ |   |   |   |   |   |   |   |   |   |   |
**4** |   |   | ∨ |   |   |   | . |   |   |   |   |   |   |   |
**5** |   |   |   | ∨ |   |   | ∨ |   |   | . |   |   |   |   |
**6** |   |   |   |   | ∨ |   | ∨ |   | . |   |   |   |   |   |
**7** |   |   |   |   | ? | ∨ |   |   |   |   | ? |   |   |   |
**8** |   |   | ∨ |   | ∨ |   |   | ∨ |   | . |   |   |   |   |
**9** |   |   | ∨ |   | ∨ |   | ∨ |   | . |   |   |   |   |   |
**10** |   |   |   | ∨ |   |   |   | ∨ |   |   |   |   |   |   |
**11** |   |   | ∨ |   | ∨ |   |   | ∨ |   |   |   |   |   |   |
**12** |   |   | ∨ |   |   |   | ∨ |   |   |   |   |   |   |   |

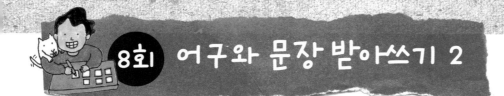

불러 주는 말을 잘 듣고,
띄어쓰기에 유의하며 받아쓰세요.

 Track-13

**1**

**2**

**3**

**4**

**5**

**6**

**7**

**8**

**9**

**10**

**11**

**12**

# 중간 평가 1회

□ 안의 틀리게 쓴 낱말을 모두 찾아, 오른쪽 빈칸에 바르게 고쳐 쓰세요.

| 틀린 것 찾기 | 바르게 고쳐 쓰기 |
|---|---|

**1** 시 쇼 를 따 다 가 　　　　　　 ☐☐ 를 ☐☐☐

**2** 제 비 다리가 부 려 저 서 　　　 ☐☐ 다리가 ☐☐☐☐

**3** 다리미로 다 러 야 지 . 　　　　 다리미로 ☐☐☐☐ .

**4** 어머니를 기 다 러 요 . 　　　　 어머니를 ☐☐☐ .

**5** 오후 카 지 마 처 야 해. 　　　 오후 ☐☐ ☐☐☐ 해.

**6** 호 루 라 키 부는 소 리 　　　 ☐☐☐☐ 부는 ☐☐

**7** 자 쿠 꿈에 나 따 나 요 . 　　 ☐☐ 꿈에 ☐☐☐ .

**8** 자 새 도 바르게 해 야 지 . 　 ☐☐ 도 바르게 ☐☐☐ .

**9** 오 후 애 비가 네 려 요 . 　　 ☐☐☐ 비가 ☐☐☐ .

**10** 아 레 로 내 려 가 요 . 　　　 ☐☐ 로 ☐☐☐☐ .

□ 안의 틀리게 쓴 낱말을 모두 찾아, 오른쪽 빈칸에 바르게 고쳐 쓰세요.

**틀린 것 찾기**

**바르게 고쳐 쓰기**

**1** 비 뉴 로 새 수 하고

□□ 로 □□ 하고

**2** 유리도 께 지 고

유리도 □□□

**3** 여기 카 지 오 새 요 .

여기 □□ 오 □□ .

**4** 내 모 과자가 두 게

□□ 과자가 두 □

**5** 아빠는 너무 바 파 요 .

아빠는 너무 □□□ .

**6** 가 카 쓰 로 와 보니

□□□□ 와 보니

**7** 코 키 리 타고 가요.

□□□ 타고 가요.

**8** 도 와 지 에 그리고 오 러

□□□□ 그리고 □□

**9** 배 게 배 고 자라.

□□ □□ 자라.

**10** 세 차 개 비가 내리더니

□□□ 비가 내리더니

# 중간 평가 1회

불러 주는 말을 잘 듣고, 띄어쓰기에 유의하며 받아쓰세요. Track-14

1

2

3

4

5

6

7

8

9

10

11

12

13

14

불러 주는 말을 잘 듣고, 띄어쓰기에 유의하며 받아쓰세요. Track-15

1

2

3

4

5

6

7

8

9

10

11

12

13

14

# 받침 'ㅇ, ㄹ, ㅁ'이 있는 음절을 써요

★이것을 공부해요★

그림에서 조약돌을 가진 아이는 '강'과 '감'이 헷갈리나 보네요.
받침 'ㅇ'과 'ㅁ'을 잘못 알고 있기 때문이에요.
이 단계부터는 받침을 넣은 글자를 배워요. 1, 2단계에서 배운 글자에 'ㅇ, ㅁ, ㄹ' 받침을 붙이면 된답니다.

★학습 목표★

• 받침 'ㅇ, ㅁ, ㄹ'을 넣은 글자 만들기
• 받침 'ㅇ, ㅁ, ㄹ'을 넣은 글자의 소리 구별하기

❶ 보기 처럼 받침에 'ㅇ'이 들어 있는 낱말은 ○표, 받침에 'ㄹ'이 들어 있는 낱말은 △표, 받침에
'ㅁ'이 들어 있는 낱말은 □표를 하면서 읽어 보세요.

| 보기 | 종이   바늘   곰 | |
|------|--------|------|
| 감 | 봄 | 그림 |
| 강아지 | 얼굴 | 강물 |
| 고무줄 | 오징어 | 줄다리기 |

❷ 다음 그림과 낱말을 보고, 소리 내어 읽은 후 빈칸에 옮겨 쓰세요.

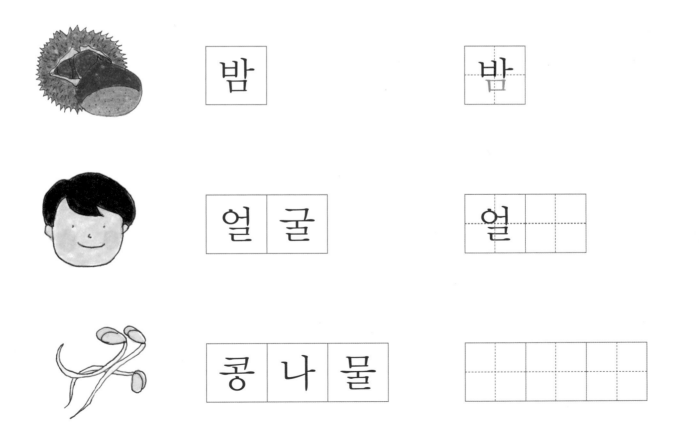

밤　　밤

얼굴　　얼

콩나물

# 1회 낱말 연습하기 1

월    일

빈칸에 글자를 옮겨 쓰고, 소리 내어 읽어 보세요.

①  공 → 공

②  사 탕 →

③  가 방 → 가

④  엄 마 → 엄

⑤  감 자 → 자

⑥  구 름 →

⑦  바 늘 →

⑧  보 물 → 보

⑨  양 말 →

⑩  통 조 림 →

**2회  낱말 연습하기 2**

문제를 읽고, 알맞은 낱말에 ○표 한 뒤
빈칸에 옮겨 쓰세요.

❶ 불을 끌 수 있는 것은 어느 것인가요?
　① 물　　　　　② 문

❷ 실과 같이 옷을 꿰맬 때 쓰는 것은 무엇인가요?
　① 바늠　　　② 바늘　　　③ 바는

바

❸ '어머니'를 다르게 부르는 말은 무엇인가요?
　① 엄마　　　② 언마　　　③ 엉마

❹ 기침을 하고 콧물이 흐르는 병은 무엇인가요?
　① 강기　　　② 간기　　　③ 감기

❺ 우리가 일어나서 학교에 가는 때는 하루 중 언제인가요?
　① 아친　　　② 아침

❻ 발을 보호해 주는 것으로, 신발 신기 전에 신는 것은 무엇인가요?
　① 양말　　　② 얌말　　　③ 양만

❼ 부모님이나 어른께서 시키시는 일을 무엇이라고 하나요?
　① 신부름　　② 심부른　　③ 심부름

부

❽ 해가 비치는 반대편에 생기는 것은 무엇인가요?
　① 그림자　　② 그린자　　③ 그링자

그

❾ 콩에 물을 주어 기르면 무엇이 되나요?
　① 콤나물　　② 콩나뭄　　③ 콩나물

나

❿ 아빠의 어머니를 무엇이라고 부르나요?
　① 한머니　　② 할머니

점수    점/200점

불러 주는 낱말을 잘 듣고, 빈칸에 받아쓰세요.

 Track-16

① 

② 

③ 

④ 

⑤ 

⑥ 

⑦ 

⑧ 

⑨ 

⑩ 

⑪ 

⑫ 

⑬ 

⑭ 

⑮ 

⑯ 

⑰ 

⑱ 

⑲ 

⑳

## 4회 낱말 받아쓰기 2

불러 주는 낱말을 잘 듣고, 빈칸에 받아쓰세요.

 Track-17

1. ☐☐

2. ☐☐

3. ☐☐

4. ☐☐

5. ☐☐

6. ☐☐

7. ☐☐

8. ☐☐

9. ☐☐☐

10. ☐☐☐

11. ☐☐☐

12. ☐☐☐

13. ☐☐☐

14. ☐☐☐

15. ☐☐☐

16. ☐☐☐

17. ☐☐☐

18. ☐☐☐

19. ☐☐☐☐

20. ☐☐☐☐

월   일

어구나 문장을 소리 내어 읽고,
아래 빈칸에 옮겨 쓰세요.

**1** 가 을 과 겨 울

가 □ 과 겨 □

**2** 누나의 그 림 자

누나의 그 □ 자

**3** 부모 님 감 사해요.

부모 □ □ 사해요.

**4** 어머니 말 씀

어머니 □ □

**5** 감 기에 걸 리다.

□ 기에 □ 리다.

**6** 고 양 이와 강 아지

고 □ 이와 □ 아지

**7** 종 에 그림 림 그리기

□ 에 그 □ 그리기

**8** 열 매가 열 리고

□ 매가 □ 리고

**9** 고개 를 들 고

고개 □ □ 고

**10** 아 침 에 참 새 소리가

아 □ 에 □ 새 소리가

54

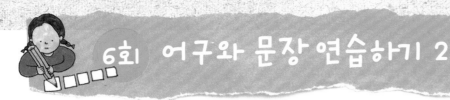

점수    점/200점

□ 안의 틀린 글자를 찾아 ×표
하고, 빈칸에 바르게 고쳐 쓰세요.

**틀린 것 찾기**                    **바르게 고쳐 쓰기**

① 도깨비 ~~밤~~ 망 이          도깨비 ☐ ☐ ☐

② 엉 굴 을 보고 말해요.          ☐ ☐ 을 보고 말해요.

③ 한 부 로 말하지 마.           ☐ ☐ 말하지 마.

④ 반 금 형님께서 오셨어요.        ☐ ☐ 형님께서 오셨어요.

⑤ 톤 조 림 뚜껑을 따요.         ☐ ☐ 뚜껑을 따요.

⑥ 중 다 리 기 를 해요.         ☐ ☐ ☐ 를 해요.

⑦ 미 끄 렁 틀 에서 놀자.        ☐ ☐ ☐ 에서 놀자.

⑧ 교 ~~실~~ 에서 곰 부 해.    ☐ 실 에서 ☐ ☐ 해.

⑨ 시 골 품 경 이 펼쳐져        ☐ ☐ ☐ ☐ 이 펼쳐져

⑩ 여 ~~른~~ ~~잠~~ 마 가 오네.   ☐ 름 ☐ 가 오네.

55

점수　　점/200점

불러 주는 말을 잘 듣고,
띄어쓰기에 유의하며 받아쓰세요.

Track-18

❶

❷

❸

❹

❺

❻

❼

❽

❾

❿

⓫

⓬

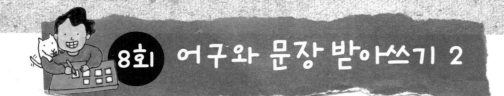

불러 주는 말을 잘 듣고,
띄어쓰기에 유의하며 받아쓰세요.

 Track-19

① 　　　　∨　　　　　．

② 　　　　　∨

③ 　　　∨

④ 　　　　∨

⑤ 　　　　∨　　∨　　　．

⑥ 　　　　　∨　　　．

⑦ 　　∨　　　∨

⑧ 　　　　∨

⑨ 　　　∨　　　∨

⑩ 　　　∨　　　∨

⑪ 　　　∨　　　∨

⑫ 　　　∨　　∨

# 받침 'ㄱ, ㄴ, ㅂ'이 있는 음절을 써요

★이것을 공부해요★

그림의 남자아이는 '문제집'이라는 낱말을 잘못 받아 적었어요.
'문제집'이란 낱말의 바른 받침을 모르기 때문이에요.

★학습 목표★

• 받침 'ㄱ, ㄴ, ㅂ'을 넣어서 글자 만들기
• 받침 'ㄱ, ㄴ, ㅂ'을 넣은 글자의 소리 구별하기

❶ 보기 처럼 받침에 'ㄱ'이 포함된 낱말은 ○표, 받침에 'ㄴ'이 포함된 낱말은 △표, 받침에 'ㅂ'이 포함된 낱말은 □표를 하면서 읽어 보세요.

| 보기 | 수㉧학 | △운동 | □밥 |
|---|---|---|---|
| 안경 | 친구 | 칭찬 |
| 낙타 | 편지 | 기억 |
| 지갑 | 신호등 | 쌀밥 |

❷ 다음 그림과 낱말을 보고, 소리 내어 읽은 후 빈칸에 옮겨 쓰세요.

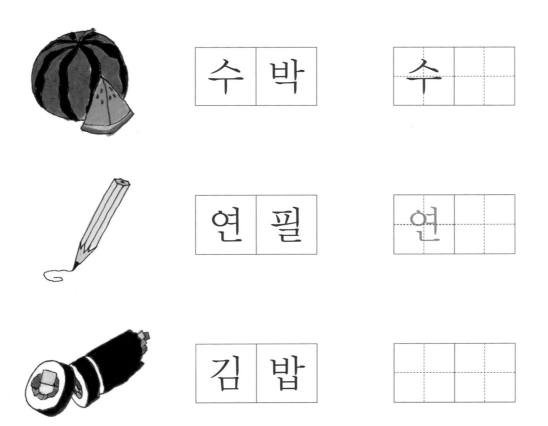

| 수 | 박 |
|---|---|

| 수 | |
|---|---|

| 연 | 필 |
|---|---|

| 연 | |
|---|---|

| 김 | 밥 |
|---|---|

| | |
|---|---|

## 1회 낱말 연습하기 1

빈칸에 글자를 옮겨 쓰고, 소리 내어 읽어 보세요.

1.  집 | 집

2.  편 지 | 　 지

3.  우 산 | 우 　

4.  단 추 | 　 　

5.  당 근 | 　 　

6.  풍 선 | 　 　

7.  낙 타 | 　 　

8.  자 전 거 | 자 　 　

9.  운 동 화 | 　 　 　

10.  사 진 첩 | 사

❶ 숨을 쉬거나 음식을 먹을 때 쓰는 신체 기관은 무엇인가요?
   ① 입          ② 임          ③ 인

❷ 여름과 겨울에 학교를 가지 않는 기간을 무엇이라고 하나요?
   ① 방학        ② 밤학        ③ 밥학

❸ 모래로 덮인 곳으로 선인장과 낙타가 있는 곳은 어디인가요?
   ① 사맙        ② 사막        ③ 사만

❹ 비가 올 때 쓰는 도구는 무엇인가요?
   ① 우삼        ② 우산        ③ 우삽

❺ 만나거나 헤어질 때 하는 인사는 무엇인가요?
   ① 암녕        ② 앙녕        ③ 안녕

❻ 세수를 하고 나서 손을 닦는 도구는 무엇인가요?
   ① 수건        ② 수검

❼ 바람을 넣어서 동그랗게 부풀린 고무로 된 물체는 무엇인가요?
   ① 품선        ② 풍선        ③ 풍섬

❽ 친구에게 좋은 점을 말해 주는 것을 무엇이라고 하나요?
   ① 칭찬        ② 침찬        ③ 친찬

❾ 아버지의 남동생을 부르는 말은 무엇인가요?
   ① 삼촌        ② 산촘        ③ 삼촙

❿ 찍은 사진을 모아 두는 책을 무엇이라고 하나요?
   ① 사진척      ② 사진첨      ③ 사진첩

**3회 낱말 받아쓰기 Ⅰ**

점수 　점/200점

불러 주는 낱말을 잘 듣고, 빈칸에 받아쓰세요.

 Track-20

❶

❷

❸

❹

❺

❻

❼

❽

❾

❿

⓫

⓬

⓭

⓮

⓯

⓰

⓱

⓲

⓳

⓴

## 4회 낱말 받아쓰기 2

불러 주는 낱말을 잘 듣고, 빈칸에 받아쓰세요.

 Track-21

1 ☐☐

2 ☐☐

3 ☐☐

4 ☐☐

5 ☐☐

6 ☐☐

7 ☐☐

8 ☐☐

9 ☐☐

10 ☐☐☐

11 ☐☐☐

12 ☐☐☐

13 ☐☐☐

14 ☐☐☐

15 ☐☐☐

16 ☐☐☐

17 ☐☐☐

18 ☐☐☐

19 ☐☐☐

20 ☐☐☐

63

5회 어구와 문장 연습하기 1

어구나 문장을 소리 내어 읽고,
아래 빈칸에 옮겨 쓰세요.

**①** 노 란 우 산

노 ☐ 우 ☐

**②** 가 족 사 진

가 ☐ 사 ☐

**③** 빨 간 풍 선

빨 ☐ 풍 ☐

**④** 김 밥 싸 는 날

김 ☐ 싸 ☐ 날

**⑤** 사 막 에 낙 타가

사 ☐ 에 ☐ 타가

**⑥** 달고 차가 운 수 박

달고 차가 ☐ 수 ☐

**⑦** 새로 산 운 동화

새로 ☐ ☐ 동화

**⑧** 지 갑 에 든 돈

☐ ☐ 에 든 ☐

**⑨** 왼쪽 오 른 쪽 살피고

왼쪽 ☐ ☐ 살피고

**⑩** 단 추 아 홉 개

☐ ☐ ☐ 개

점수    점/200점

□ 안의 틀린 글자를 찾아 ×표 하고, 빈칸에 바르게 고쳐 쓰세요.

**틀린 것 찾기**

**바르게 고쳐 쓰기**

❶ 서로  칭 찰 해  주자.

서로 ☐☐☐ 주자.

❷ 호 들 ~~씨~~  떨지 마라.

호 ☐☐ 떨지 마라.

❸ 큰  파 란  대 뭉

큰 ☐☐  ☐☐

❹ 즐 거 웅  우리  집

☐ 거 ☐  우리  ☐

❺ 떨어 징 담 추  달기

떨어 ☐☐☐  달기

❻ 머리  감 능  동 암

머리 ☐☐  ☐☐

❼ 염 필 로 쓴  평 지

☐☐ 로 쓴  ☐ 지

❽ 과학  수 엄  시 강

과학  수 ☐  시 ☐

❾ 삼 촘 은  사 질 사

☐☐ 은  ☐☐ 사

❿ 화 ~~붐~~  들고 온  손 닙

☐☐ 들고 온  ☐☐

65

점수          점/200점

불러 주는 말을 잘 듣고,
띄어쓰기에 유의하며 받아쓰세요.

 Track-22

① 

② 

③ 

④ 

⑤ 

⑥ 

⑦ 

⑧ 

⑨ 

⑩ 

⑪ 

⑫

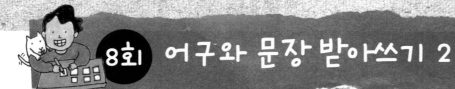

점수　　　　점/200점

불러 주는 말을 잘 듣고,
띄어쓰기에 유의하며 받아쓰세요.

 Track-23

1.

2.

3.

4.

5.

6.

7.

8.

9.

10.

11.

12.

# 종합 평가 1회

□ 안의 틀리게 쓴 낱말을 모두 찾아, 오른쪽 빈칸에 바르게 고쳐 쓰세요.

| 틀린 것 찾기 | 바르게 고쳐 쓰기 |
|---|---|

**1** | 에 | 벌 | 래 | 가 꿈틀거려요.　　　　　|　|　|　| 가 꿈틀거려요.

**2** | 콤 | 나 | 물 | 요리를 하고서　　　　　|　|　|　| 요리를 하고서

**3** | 뭉 | 제 | 집 | 푸는 시간　　　　　|　|　|　| 푸는 시간

**4** 파란 하늘 | 뭄 | 게 | 구 | 른 |　　파란 하늘 |　|　|　|　|

**5** | 밤 | 망 | 이 | 를 두드리면　　　　　|　|　|　| 를 두드리면

**6** | 반 | 금 | 미 | 끄 | 런 | 틀 | 타다가　　|　|　|　|　|　|　| 타다가

**7** 봄 | 품 | 경 | 이 | 별 | 쳐 | 진 | 그림　　봄 |　|　| 이 |　|　|　| 그림

**8** | 지 | 금 | 카 | 찌 | 숨 | 긴 | 비밀　　|　|　|　|　|　| 비밀

**9** 우선 | 다 | 른 | 년 | 필 | 로 써 봐.　　우선 |　|　|　|　| 로 써 봐.

**10** | 칭 | 구 | 가 | 깜 | 작 | 놀라서　　|　|　| 가 |　|　| 놀라서

불러 주는 말을 잘 듣고, 띄어쓰기에 유의하며 받아쓰세요.　Track-24

**1**

**2**

**3**

**4**

**5**

**6**

**7**

**8**

**9**

**10**

**11**

**12**

# 종합 평가 1회

불러 주는 말을 잘 듣고, 띄어쓰기에 유의하며 받아쓰세요. 🎧 Track-25

❶

❷

❸

❹

❺

❻

❼

❽

❾

❿

⓫

⓬

불러 주는 말을 잘 듣고, 띄어쓰기에 유의하며 받아쓰세요. Track-26

❶

❷

❸

❹

❺

❻

❼

❽

❾

❿

⓫

⓬

# 종합 평가 1회

불러 주는 말을 잘 듣고, 띄어쓰기에 유의하며 받아쓰세요. Track-27

① 
② 
③ 
④ 
⑤ 
⑥ 
⑦ 
⑧ 
⑨ 
⑩ 
⑪ 
⑫

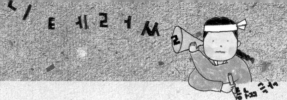

# 더 연습하기

틀린 글자나 문장을 연습해요.

# 모음 '눠, 귀'를 구별해요

★이것을 공부해요★

그림의 두 아이는 '뭐하니'는 [머하니]로, '주사위'는 [주사이]로 각각 틀리게 발음했어요. '뭐'의 '눠'를 'ㅓ'로, '위'의 '귀'를 'ㅣ'로 잘못 발음한 경우지요.

그러면 '눠'와 '귀'는 어떻게 발음하는 것이 옳은가요?

★학습 목표★

· 모음 '눠'와 'ㅓ' 구별하기
· 모음 '귀'와 'ㅣ' 구별하기

① [보기] 처럼 'ㅝ'가 들어 있는 낱말은 ○표, 'ㅟ'가 들어 있는 낱말은 △표를 하세요.

| [보기] | 뭐가  위치 | |
|---|---|---|
| 미워 | 주위 | 줘요 |
| 바퀴 | 바위 뒤에 | 어두워 |
| 뛰기 | 외로워 | 주사위 |

② 다음 그림과 낱말을 보고, 소리 내어 읽은 후 빈칸에 옮겨 쓰세요.

| 추 | 위 |
|---|---|

| 추 | 위 |
|---|---|

| 더 | 러 | 워 |
|---|---|---|

| 더 | 러 | |
|---|---|---|

| 주 | 사 | 위 |
|---|---|---|

| | | |
|---|---|---|

1회 낱말 연습하기 1

빈칸에 글자를 옮겨 쓰고, 소리 내어 읽어 보세요.

①

| 줘 |
|---|

| 줘 |
|---|

②

| 나 | 눠 |
|---|---|

| 나 | |
|---|---|

③

| 뭐 | 가 |
|---|---|

| | |
|---|---|

④

| 고 | 마 | 워 |
|---|---|---|

| 고 | | |
|---|---|---|

⑤

| 가 | 위 |
|---|---|

| | |
|---|---|

⑥

| 바 | 위 |
|---|---|

| | |
|---|---|

⑦

| 위 | 치 |
|---|---|

| | |
|---|---|

⑧

| 기 | 저 | 귀 |
|---|---|---|

| 기 | | |
|---|---|---|

⑨

| 쉬 | 워 | 요 |
|---|---|---|

| | | |
|---|---|---|

⑩

| 가 | 벼 | 워 | 요 |
|---|---|---|---|

| | | | |
|---|---|---|---|

76

점수    점/200점

문제를 읽고, 알맞은 낱말에 ○표 한 뒤
빈칸에 옮겨 쓰세요.

**1** 저녁에 잠을 잘 때에는 어떤 자세로 자나요?
① 누어        ② 누워

| 누 | | |
|---|---|---|

**2** 남의 물건을 나도 갖고 싶은 마음을 어떻게 말하나요?
① 부러워      ② 부러어

| | | | |
|---|---|---|---|

**3** '무엇하니'를 줄여 쓴 말은 무엇인가요?
① 뭐하니      ② 머하니

| | | |
|---|---|---|

**4** 자동차를 굴러가게 하는 것은 어느 것인가요?
① 바퀴        ② 바키          ③ 박끼

| | |
|---|---|

**5** '달리기'의 비슷한 말을 무엇이라고 하나요?
① 뛰기        ② 띠기          ③ 띄기

| | 기 |
|---|---|

**6** 원래 것이 다른 것으로 채워지는 것은 무엇인가요?
① 바끼다      ② 바뀌다        ③ 박끼다

| | | | |
|---|---|---|---|

**7** 피곤할 때 하는 행동은 무엇인가요?
① 시다        ② 쉬다

| | 다 |
|---|---|

**8** 일정한 곳에 자리를 차지하는 것을 무엇이라고 하나요?
① 이치        ② 위치

| | |
|---|---|

**9** 시끄러운 소리가 안 들리게 귀를 막는 물건은 무엇인가요?
① 기마개      ② 귀마개

| | | |
|---|---|---|

**10** 어른들은 아기를 보고 어떤 말을 하나요?
① 귀여워요    ② 기여워요      ③ 귀여어요

| | | | |
|---|---|---|---|

점수    점/200점

불러 주는 낱말을 잘 듣고, 빈칸에 받아쓰세요.

Track-28

1

2

3

4

5

6

7

8

9

10

11

12

13

14

15

16

17

18

19

20

78

4회　낱말 받아쓰기 2

불러 주는 낱말을 잘 듣고, 빈칸에 받아쓰세요.

 Track-29

1

2

3

4

5

6

7

8

9

10

11

12

13

14

15

16

17

18

19

20

어구나 문장을 소리 내어 읽고,
아래 빈칸에 옮겨 쓰세요.

① 바 위 뒤 에

　바 　　 　　 에

② 더 위 와 싸 워 요.

　더 　　 와 싸 　　 요.

③ 사마 귀 가 무서 워 요.

　사마 　　 가 무서 　　 요.

④ 거 위 가 더러 워 요.

　거 　　 가 더러 　　 요.

⑤ 가 위 를 나 눠 주고

　가 　　 를 나 　　 주고

⑥ 귀 마개는 더 워 요.

　　　 마개는 더 　　 요.

⑦ 뭐 가 위 대하니?

　　　 가 　　 대하니?

⑧ 기저 귀 는 부끄러 워 .

　기저 　　 는 부끄러 　　 .

⑨ 주사 위 거기에 둬 라.

　주사 　　 거기에 　　 라.

⑩ 다람 쥐 가 귀 여 워 요.

　다람 　　 가 　　 여 　　 요.

80

## 6회 어구와 문장 연습하기 2

□ 안의 틀린 글자를 찾아 ×표
하고, 빈칸에 바르게 고쳐 쓰세요.

**틀린 것 찾기**

**바르게 고쳐 쓰기**

① 너무 | 어 | 두 | 어 |.

너무 | | |.

② 너는 | 뭐 | 가 | 더 | 어 |?

너는 | 뭐 | | |?

③ 문제가 | 시 | 어 | 요 |.

문제가 | | | |.

④ 과자 | 나 | 너 | 주기

과자 | | | 주기

⑤ | 뒤 | 우 | 치 | 는 | 아이

| 뉘 | | | 아이

⑥ 기차 | 바 | 키 |를 오리세요.

기차 | | |를 오리세요.

⑦ 자리가 | 바 | 끼 | 고 | 나서

자리가 | | | 나서

⑧ 누나에게 | 띠 | 어 | 가요.

누나에게 | | | 가요.

⑨ 새가 | 지 | 저 | 기 | 고 | 있어.

새가 | | | 있어.

⑩ 저 | 당 | 나 | 귀 |를 보세요.

저 | | | 귀 |를 보세요.

점수      점/200점

불러 주는 말을 잘 듣고,
띄어쓰기에 유의하며 받아쓰세요.

 Track-30

❶

❷            ?

❸            .

❹

❺

❻            .

❼            .

❽

❾            .

❿            .

⓫            .

⓬            .

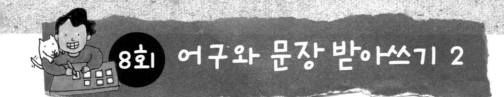

8회 어구와 문장 받아쓰기 2

불러 주는 말을 잘 듣고,
띄어쓰기에 유의하며 받아쓰세요.

 Track-31

1.

2.

3.

4.

5.

6.

7.

8.

9.

10.

11.

12.

# 모음 'ㅐ, ㅔ, ㅢ'를 구별해요

---

★이것을 공부해요★

위의 그림에서 밑줄 친 '애'는 '애'로, '에'는 '예'로 발음하고, 적어야 옳아요.
발음은 받아쓰기에 큰 영향을 미치기 때문에 정확한 발음을 사용해야 해요.

---

★학습 목표★

• 모음 'ㅐ'와 'ㅐ' 구별하기
• 모음 'ㅔ'와 'ㅐ' 구별하기
• 모음 'ㅢ'와 'ㅣ, ㅔ' 구별하기

## 연습하기

**①** [보기]처럼 'ㅐ'가 들어 있는 낱말은 ○표, 'ㅖ'가 들어 있는 낱말은 △표, 'ㅢ'가 들어 있는 낱말은 □표를 하세요.

| [보기] | (애)기 △예절 □의무 | |
|---|---|---|
| 차례 | 애야 | 의사 |
| 개가 | 무늬 | 지혜 |
| 쟤 봐라. | 계시다 | 의지 |

**②** 다음 그림과 낱말을 보고, 소리 내어 읽은 후 빈칸에 옮겨 쓰세요.

| 애 | 기 |
|---|---|
| 애 | 기 |

| 시 | 계 |
|---|---|
| 시 | |

| 의 | 자 |
|---|---|
| | |

월    일

빈칸에 글자를 옮겨 쓰고, 소리 내어 읽어 보세요.

1  | 지 | 혜 |    | 지 | 혜 |

2  | 차 | 례 |

3  | 예 | 쁘 | 다 |

4  | 애 | 기 |    | 애 |

5  | 애 | 야 |

6  | 애 | 들 | 아 |    | | | 아 |

7  | 의 | 사 |

8  | 무 | 늬 |

9  | 희 | 다 |

10  | 예 | 의 |

**2회  낱말 연습하기 2**

문제를 읽고, 알맞은 낱말에 ○표 한 뒤
빈칸에 옮겨 쓰세요.

**①** 봄, 여름, 가을, 겨울은 무엇을 구분한 것인가요?
　① 계절　　　② 게절

**②** '있다'의 높임말은 무엇인가요?
　① 계시다　　② 게시다

다

**③** 정해진 때가 되기 전에 미리 사는 것을 무엇이라고 하나요?
　① 에매　　　② 예매

**④** '그 아이'를 줄여 쓴 말은 어느 것인가요?
　① 걔　　　② 개

**⑤** '저 아이'를 줄여 쓴 말은 어느 것인가요?
　① 쟤　　　② 재

**⑥** 남에게 끼치는 괴로움을 의미하는 말은 무엇인가요?
　① 폐　　　② 페

**⑦** 어떠한 일을 이루고자 하는 마음을 무엇이라고 하나요?
　① 이지　　② 의지

지

**⑧** 마음에 새겨 두고 조심하는 것을 무엇이라고 하나요?
　① 주이　　② 주의

**⑨** 글을 쓸 때, 각 낱말을 띄어 쓰는 것을 무엇이라고 하나요?
　① 띠어쓰기　② 띄어쓰기

**⑩** '분명하지 못하다.'는 뜻을 가진 낱말은 무엇인가요?
　① 히미하다　② 희미하다

점수 　점/200점

불러 주는 낱말을 잘 듣고, 빈칸에 받아쓰세요.

 Track-32

**1**

**2**

**3**

**4**

**5**

**6**

**7**

**8**

**9**

**10**

**11**

**12**

**13**

**14**

**15**

**16**

**17**

**18**

**19**

**20**

## 4회　낱말 받아쓰기 2

불러 주는 낱말을 잘 듣고, 빈칸에 받아쓰세요.

 Track-33

❶

❷

❸

❹

❺

❻

❼

❽

❾

❿

⓫

⓬

⓭

⓮

⓯

⓰

⓱

⓲

⓳

⓴

# 5회 어구와 문장 연습하기 1

어구나 문장을 소리 내어 읽고,
아래 빈칸에 옮겨 쓰세요.

**1** 차 레 차 레

차 ☐ 차 ☐

**2** 나 의 의 리

나 ☐ ☐ 리

**3** 애 는 누구니?

☐ 는 누구니?

**4** 예 의 바르게

☐ ☐ 바르게

**5** 의 지와 지 혜

☐ 지와 지 ☐

**6** 재 하고 개 하고

☐ 하고 ☐ 하고

**7** 무 늬 가 희 미하다.

무 ☐ 가 ☐ 미하다.

**8** 저 희 끼리 애 기하고

저 ☐ 끼리 ☐ 기하고

**9** 예 로부터 계 시다.

☐ 로부터 ☐ 시다.

**10** 나 의 의 무 예 요.

나 ☐ ☐ 무 ☐ 요.

90

## 6회 어구와 문장 연습하기 2

점수    점/200점

□ 안의 틀린 글자를 찾아 ×표
하고, 빈칸에 바르게 고쳐 쓰세요.

**틀린 것 찾기**                    **바르게 고쳐 쓰기**

① 모자 | 씨 | 우 | 고 |          모자 | 씨 |   |   |

② | 주 | ✕ | 하며 보세요.       |   |   | 하며 보세요.

③ 누나가 | 에 | 쁘 | 네 | .      누나가 | 예 |   |   | .

④ 나는 | 개 | 미 | 에 | 요 | .    나는 |   |   |   |   | .

⑤ | ✕ | 끗 | ✕ | 끗 | 한 머리   |   |   |   |   | 한 머리

⑥ 글자를 | 띠 | 어 | 쓰세요.     글자를 |   |   | 쓰세요.

⑦ 기차표 | ✕ | 매 | 하 | 기 |    기차표 |   |   |   |   |

⑧ 나무에게 | 애 | 기 | 해 | 요 | . 나무에게 |   |   |   |   | .

⑨ | 우 | 리 | ✕ | 시 | ✕ | 야.  |   |   |   |   |   | 야.

⑩ | 애 | 야 | 예 | 이 | 를 지켜라. |   |   |   |   | 를 지켜라.

91

점수　　점/200점

불러 주는 말을 잘 듣고,
띄어쓰기에 유의하며 받아쓰세요.

 Track-34

① 　　　∨

② 　　　∨　　　　.

③ 　　∨

④ 　　∨　　　　？

⑤ 　　∨　　　　.

⑥ 　　∨　　∨　　？

⑦ 　　　∨

⑧ 　　　∨

⑨ 　　∨　　∨　　　.

⑩ 　　∨　　　.

⑪ 　　　∨　　∨

⑫ 　　　∨　　∨　　∨　　　.

# 8회 어구와 문장 받아쓰기 2

점수        점/200점

불러 주는 말을 잘 듣고,
띄어쓰기에 유의하며 받아쓰세요.

Track-35

1.

2.

3.

4.

5.

6.

7.

8.

9.

10.

11.

12.

# 모음 'ㅚ, ㅙ, ㅞ'를 구별해요

---

★이것을 공부해요★

'웬'과 '왜'의 차이는 무엇일까요?
'웬'은 '어찌 된'이라는 의미일 때 쓰이고, '왜'는 '무슨 까닭에서, 어째서'의 의미로 쓰여요.

---

★학습 목표★

• 모음 'ㅚ'와 'ㅙ'와 'ㅞ'를 구별하기

❶ 보기 처럼 'ㅚ'가 들어 있는 낱말은 ○표, 'ㅙ'가 들어 있는 낱말은 △표, 'ㅞ'가 들어 있는 낱말은 □표를 하세요.

| 보기 | 회사 | 괘도 | 궤짝 |
|---|---|---|---|
| 뇌 | 왜 | 훼손 |
| 최고 | 왜냐하면 | 스웨터 |
| 꾀꼬리 | 상쾌하다 | 꿰매다 |

❷ 다음 그림과 낱말을 보고, 소리 내어 읽은 후 빈칸에 옮겨 쓰세요.

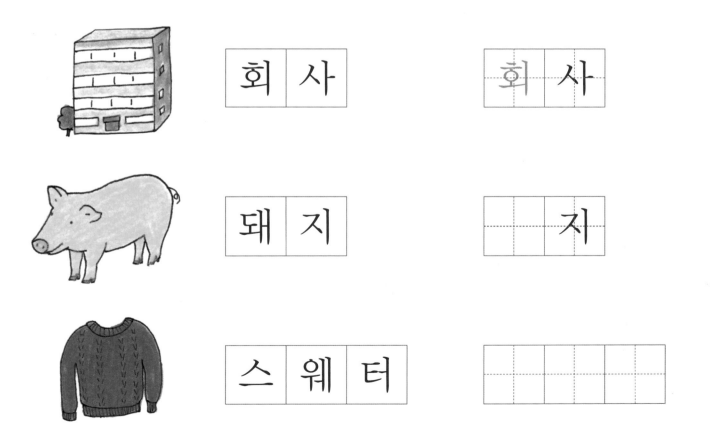

| 회 | 사 | | 회 | 사 |

| 돼 | 지 | | | 지 |

| 스 | 웨 | 터 | | | | |

**1회  낱말 연습하기 1**

빈칸에 글자를 옮겨 쓰고, 소리 내어 읽어 보세요.

**1**   | 회 | 사 |

**2**   | 퇴 | 비 |

**3**   | 꾀 | 꼬 | 리 |

**4**   | 쇠 | 고 | 기 |

**5**   | 돼 | 지 |

**6**   | 왜 | 가 | 리 |

**7**   | 궤 | 도 |

**8**   | 웨 | 이 | 터 |

**9**   | 스 | 웨 | 터 |

**10** 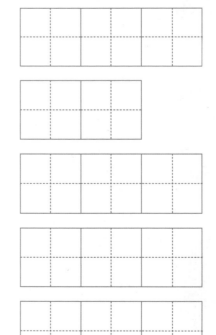  | 꿰 | 매 | 다 |

**2회 낱말 연습하기 2**

문제를 읽고, 알맞은 낱말에 ○표 한 뒤
빈칸에 옮겨 쓰세요.

**1** 일을 잘 꾸며 내거나 해결하는 생각은 무엇인가요?
① 꿰          ② 꽤          ③ 꾀

**2** 잘못을 깨치고 뉘우치는 것을 뜻하는 말은 무엇인가요?
① 후회        ② 후훼        ③ 후홰

**3** 외할아버지와 외할머니가 사는 집은 무엇인가요?
① 왜가        ② 외가

**4** 때릴 때에 쓰는 가는 나뭇가지를 무엇이라고 하나요?
① 회초리      ② 홰초리      ③ 훼초리

**5** '오른쪽'의 반대되는 말은 무엇인가요?
① 왠쪽        ② 왼쪽

**6** 작고 초라하다는 뜻을 가진 낱말은 어느 것인가요?
① 왜소        ② 외소

**7** '왜 그러냐 하면'을 줄여 쓴 말은 무엇인가요?
① 외냐하면    ② 왜냐하면

**8** 느낌이 시원하고 산뜻한 것을 무엇이라고 하나요?
① 상쾌하다    ② 상쾨하다

**9** '꿀꿀' 소리를 내는 동물은 무엇인가요?
① 돼지        ② 되지

**10** 호텔에서 손님의 시중을 드는 남자 직원은 누구인가요?
① 왜이터      ② 웨이터

점수      점/200점

불러 주는 낱말을 잘 듣고, 빈칸에 받아쓰세요.

 Track-36

**1**

**2**

**3**

**4**

**5**

**6**

**7**

**8**

**9**

**10**

**11**

**12**

**13**

**14**

**15**

**16**

**17**

**18**

**19**

**20**

## 4회 낱말 받아쓰기 2

불러 주는 낱말을 잘 듣고, 빈칸에 받아쓰세요.

 Track-37

❶

❷

❸

❹

❺

❻

❼

❽

❾

❿

⓫

⓬

⓭

⓮

⓯

⓰

⓱

⓲

⓳

⓴

월 일
어구나 문장을 소리 내어 읽고,
아래 빈칸에 옮겨 쓰세요.

❶ 스 웨 터가 예쁘네.

스 ☐ 터가 예쁘네.

❷ 웨 이터가 되 다.

☐ 이터가 ☐ 다.

❸ 괴 로워 외 로워.

☐ 로워 ☐ 로워.

❹ 괴 물이 후 퇴 한다.

☐ 물이 후 ☐ 한다.

❺ 너 왜 퇴 보하니?

너 ☐ ☐ 보하니?

❻ 돼 지고기와 쇠 고기

☐ 지고기와 ☐ 고기

❼ 회 드시고 후 회 하시네.

☐ 드시고 후 ☐ 하시네.

❽ 왜 가리가 왜 소하다.

☐ 가리가 ☐ 소하다.

❾ 우리 회 사가 최 고야.

우리 ☐ 사가 ☐ 고야.

❿ 교 회 에서 꾀 부리다가

교 ☐ 에서 ☐ 부리다가

100

점수    점/200점

□ 안의 틀린 글자를 찾아 ×표
하고, 빈칸에 바르게 고쳐 쓰세요.

**틀린 것 찾기**     **바르게 고쳐 쓰기**

① 기 홰 를 주세요.     ☐ ☐ 를 주세요.

② 뇌 리 에 떠오르다.     ☐ ☐ 에 떠오르다.

③ 지구의 꾀 도 위로     지구의 궤 ☐ 위로

④ 좨 를 아 뢔 다.     ☐ 를 ☐ ☐ ☐ .

⑤ 왜 래 어 의 예     ☐ ☐ ☐ 의 예

⑥ 자연을 회 손 하 다.     자연을 ☐ ☐ ☐ ☐ .

⑦ 되 지 우 리 치워라.     ☐ ☐ ☐ ☐ 치워라.

⑧ 너 이제 후 해 하 니?     너 이제 ☐ ☐ ☐ ☐ ?

⑨ 훼 초 리 를 가져오너라.     ☐ ☐ ☐ 를 가져오너라.

⑩ 화가가 돼 어 야 지.     화가가 ☐ ☐ ☐ ☐ .

점수    점/200점

불러 주는 말을 잘 듣고,
띄어쓰기에 유의하며 받아쓰세요.

Track-38

① ⌄ .

② ⌄ .

③ ⌄ ⌄ ?

④ ⌄ .

⑤ ⌄ .

⑥ ⌄

⑦ ⌄ .

⑧ ⌄ ⌄ .

⑨ ⌄ ⌄ .

⑩ ⌄ .

⑪ ⌄ ⌄

⑫ ⌄ ⌄ .

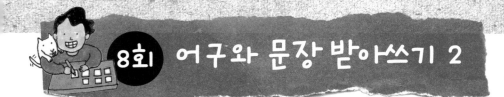

8회 어구와 문장 받아쓰기 2

불러 주는 말을 잘 듣고,
띄어쓰기에 유의하며 받아쓰세요.

 Track-39

1

2

3

4

5

6

7

8

9

10

11

12

# 중간 평가 2회

□ 안의 틀리게 쓴 낱말을 모두 찾아, 오른쪽 빈칸에 바르게 고쳐 쓰세요.

| 틀린 것 찾기 | 바르게 고쳐 쓰기 |
|---|---|

**1** 니 우 치 는 아이 　　　　　　　　　아이

**2** 나는 나 비 에 요. 　　　　　나는 　　　　　.

**3** 아기에게 띠 어 가요. 　　　　아기에게 　　 가요.

**4** 자리가 바 끼 고 나서 　　　자리가 　　　 나서

**5** 히 끗 히 끗 한 머리 　　　　　　　　　한 머리

**6** 글자를 바르게 띠 어 쓰세요. 　　글자를 바르게 　　 쓰세요.

**7** 애 야 , 예 이 를 지켜라. 　　　　　　 , 　　　 를 지켜라.

**8** 너는 머 가 그렇게 추 워 ? 　　너는 　　 그렇게 　　 ?

**9** 참새가 지 저 기 고 있어요. 　참새가 　　　　 있어요.

**10** 시 는 당 나 기 를 보세요. 　　　　　　　　　를 보세요.

□ 안의 틀리게 쓴 낱말을 모두 찾아, 오른쪽 빈칸에 바르게 고쳐 쓰세요.

| 틀린 것 찾기 | 바르게 고쳐 쓰기 |
|---|---|

**1** 주 이 하며 보세요.  　　　　　　하며 보세요.

**2** 제 를 아 뢔 다 .  　　　를 　　　　　　.

**3** 모자 씨 우 고  　　　모자 　　　　　

**4** 내 리 를 스치다.  　　　　를 스치다.

**5** 왜 래 어 제대로 알고 쓰기  　　　　제대로 알고 쓰기

**6** 기차표 에 매 하 기  　　　기차표 　　　　　

**7** 초 체 하 게 하고 나타났다.  　　　　　　하고 나타났다.

**8** 달님이 나무에게 애 기 해 요 .  　　달님이 나무에게 　　　　.

**9** 제 친구에게 기 해 를 주세요.  　　제 친구에게 　　　를 주세요.

**10** 방에서 헤 초 리 가져오너라.  　　방에서 　　　　가져오너라.

점수 　점/200점

# 중간 평가 2회

불러 주는 말을 잘 듣고, 띄어쓰기에 유의하며 받아쓰세요. Track-40

1.

2.

3.

4.

5.

6.

7.

8.

9.

10.

11.

12.

13.

14.

불러 주는 말을 잘 듣고, 띄어쓰기에 유의하며 받아쓰세요. Track-41

1
2
3
4
5
6
7
8
9
10
11
12
13
14

# 받침과 어려운 모음이 있는 음절을 써요 1

★이것을 공부해요★

'활' 자는 자음 'ㅎ'과 모음 'ㅘ'에 받침 'ㄹ'이 결합하여 만들어진 거예요. 그런데 '활동, 활용, 생활' 등을 '할동, 할용, 생할'과 같이 잘못 발음하고 쓰는 경우가 많아서 주의해야 해요.

★학습 목표★

• 자음 'ㅇ, ㄹ, ㅁ'이 받침으로 있는 낱말에서 모음 'ㅏ'와 'ㅘ' / 'ㅐ'와 'ㅔ' / 'ㅓ'와 'ㅝ' / 'ㅣ'와 'ㅟ' / 'ㅒ'와 'ㅐ' / 'ㅖ'와 'ㅔ' / 'ㅢ'와 'ㅣ, ㅔ' / 'ㅚ'와 'ㅙ'와 'ㅞ'의 차이를 구별하기

❶ 보기 처럼 받침 'ㅇ'이 들어 있는 낱말은 ○표, 받침 'ㄹ'이 들어 있는 낱말은 △표, 받침 'ㅁ'이 들어 있는 낱말은 □표를 하세요.

| 보기 | 생일 | 활기 | 샘물 |
|---|---|---|---|
| 동생 | 활동 | 햄 |
| 냉면 | 활쏘기 | 냄새 |
| 달팽이 | 활짝 피다. | 딸기잼 |

❷ 다음 그림과 낱말을 보고, 소리 내어 읽은 후 빈칸에 옮겨 쓰세요.

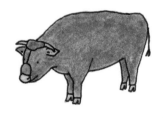

| 황 | 소 |
|---|---|

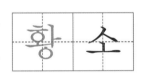

| 황 | 소 |
|---|---|

| 활 | 시 | 위 |
|---|---|---|

| | 시 | |
|---|---|---|

| 햄 | 버 | 거 |
|---|---|---|

| | | |
|---|---|---|

 **1회 낱말 연습하기 1**

빈칸에 글자를 옮겨 쓰고, 소리 내어 읽어 보세요.

①  왕

②  생선

③  광대

④  달팽이

⑤  활

⑥  첼로

⑦  샐러드

⑧  쉼터

⑨  도마뱀

⑩  햄스터

점수    점/200점

2회  낱말 연습하기 2

문제를 읽고, 알맞은 낱말에 ○표 한 뒤
빈칸에 옮겨 쓰세요.

**1** 임금의 아내는 누구인가요?
　　① 앙비　　　② 왕비　　　③ 황비

| | | 비 |
|---|---|---|

**2** 가족이나 일가 친척 중 나보다 손아랫사람을 무엇이라고 하나요?
　　① 동셍　　② 동생

**3** 어떤 일을 치르는 것을 무엇이라고 하나요?
　　① 행사　　② 헹사

**4** 하늘을 날아다니는 빠른 이동 수단은 무엇인가요?
　　① 비행기　　② 비헹기

**5** 일요일의 다음 날은 무슨 요일인가요?
　　① 얼요일　　② 월요일

**6** 일정한 환경에서 활동하며 살아가는 것을 무엇이라고 하나요?
　　① 생할　　　② 생활　　　③ 생왈

**7** 몸을 움직여서 행동하는 것을 무엇이라고 하나요?
　　① 할동　　② 활동

**8** 샘에서 나오는 물을 무엇이라고 하나요?
　　① 셈물　　② 샘물

**9** 음식을 끓일 때 쓰는 도구는 무엇인가요?
　　① 냄비　　② 넴비

**10** 쥐와 비슷하게 생긴, 집에서 기르는 애완동물은 무엇인가요?
　　① 햄스터　　② 헴스터

111

불러 주는 낱말을 잘 듣고, 빈칸에 받아쓰세요.

 Track-42

점수    점/200점

① 

② 

③ 

④ 

⑤ 

⑥ 

⑦ 

⑧ 

⑨ 

⑩ 

⑪ 

⑫ 

⑬ 

⑭ 

⑮ 

⑯ 

⑰ 

⑱ 

⑲ 

⑳

# 4회 낱말 받아쓰기 2

불러 주는 낱말을 잘 듣고, 빈칸에 받아쓰세요.

Track-43

1

2

3

4

5

6

7

8

9

10

11

12

13

14

15

16

17

18

19

20

**①** 무말 랭 이 무침

무말 □ 이 무침

**②** 생 쥐와 햄 스터

□ 쥐와 □ 스터

**③** 선 생 님 생 신이에요.

선 □ 님 □ 신이에요.

**④** 왕 비가 샘 이 나서

□ 비가 □ 이 나서

**⑤** 황 제의 쉼 터

□ 제의 □ 터

**⑥** 월 요일에 촬 영해요.

□ 요일에 □ 영해요.

**⑦** 관 광 지의 황 새

관 □ 지의 □ 새

**⑧** 요술 램 프를 활 용해라.

요술 □ 프를 □ 용해라.

**⑨** 뱀 장어 굽는 냄 새

□ 장어 굽는 □ 새

**⑩** 활 발한 생 산 활 동

□ 발한 □ 산 □ 동

□ 안의 틀린 글자를 찾아 ×표
하고, 빈칸에 바르게 고쳐 쓰세요.

**틀린 것 찾기**

**바르게 고쳐 쓰기**

① 꽹 과 리 소리 → 꽹 [ ] [ ] 소리

② 곱 샘 은 쉬워요. → [ ] [ ] 은 쉬워요.

③ 서로 겅 젱 을 해요. → 서로 [ ] [ ] 을 해요.

④ 할 동 적 인 어린이 → [ ] [ ] [ ] 인 어린이

⑤ 셈 물 이 꽐 꽐 → [ ] [ ] 이 콸 [ ]

⑥ 비 헹 기 여 헹 → [ ] [ ] [ ] [ ] [ ]

⑦ 학 셍 의 셍 김 새 → [ ] [ ] 의 [ ] [ ] [ ]

⑧ 달 펭 이 집을 지어라. → [ ] [ ] [ ] 집을 지어라.

⑨ 옹 달 셈 물을 마시고 → [ ] [ ] [ ] 물을 마시고

⑩ 가족 헹 사 에 초대해요. → 가족 [ ] [ ] 에 초대해요.

점수　　점/200점

불러 주는 말을 잘 듣고,
띄어쓰기에 유의하며 받아쓰세요.

 Track-44

1

2

3

4

5

6

7

8

9

10

11

12

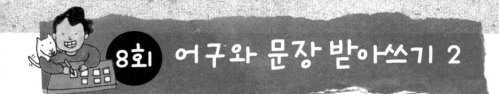

점수　점/200점

불러 주는 말을 잘 듣고,
띄어쓰기에 유의하며 받아쓰세요.

 Track-45

117

# 받침과 어려운 모음이 있는 음절을 써요 2

---

★이것을 공부해요★

'확' 자는 자음 'ㅎ'과 모음 'ㅘ'에 받침 'ㄱ'이 결합하여 만들어진 것이에요. 그런데 '확신, 확대, 확장' 등을 '학신, 학대, 학장'과 같이 잘못 발음하고 쓰는 경우가 많이 있어요.

---

★학습 목표★

• 자음 'ㄱ, ㄴ, ㅂ'이 받침으로 있는 낱말에서 모음 'ㅏ'와 'ㅘ' / 'ㅐ'와 'ㅔ' / 'ㅓ'와 'ㅝ' / 'ㅣ'와 'ㅟ' / 'ㅒ'와 'ㅐ' / 'ㅖ'와 'ㅔ' / 'ㅢ'와 'ㅣ, ㅔ' / 'ㅚ'와 'ㅙ'와 'ㅞ'의 차이를 구별하기

### 연습하기

**1** 보기 처럼 받침 'ㄱ'이 들어 있는 낱말은 ○표, 받침 'ㄴ'이 들어 있는 낱말은 △표, 받침 'ㅂ'이 들어 있는 낱말은 □표를 하세요.

| 보기 | ⓢ칠 | △관심 | □햅쌀 |
|---|---|---|---|
| 관광 | 의원 | 랩 |
| 백조 | 계획 | 맵시 |
| 색종이 | 휩쓸다 | 왼손 |

**2** 다음 그림과 낱말을 보고, 소리 내어 읽은 후 빈칸에 옮겨 쓰세요.

| 백 | 곰 | | | 곰 |
|---|---|---|---|---|

| 병 | 원 | | 원 | |
|---|---|---|---|---|

| 뱁 | 새 | | | |
|---|---|---|---|---|

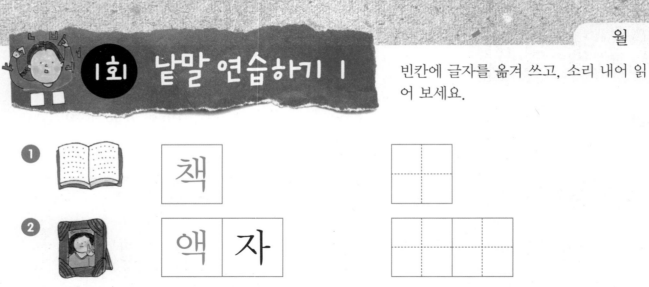

**1회  낱말 연습하기 1**

빈칸에 글자를 옮겨 쓰고, 소리 내어 읽어 보세요.

❶ | 책 |

❷ | 액 | 자 |

❸ | 넥 | 타 | 이 |

❹ | 색 | 종 | 이 |

❺ | 권 | 충 |

❻ | 왕 | 관 |

❼ | 병 | 원 |

❽ | 원 | 숭 | 이 |

❾ | 햅 | 쌀 |

❿ | 맵 | 다 |

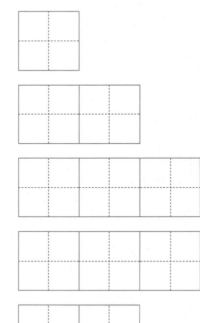

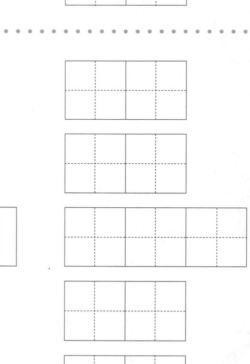

점수    점/200점

**2회  낱말 연습하기 2**

문제를 읽고, 알맞은 낱말에 ○표 한 뒤
빈칸에 옮겨 쓰세요.

❶ 구십구 년 다음은 몇 년인가요?
　① 벽 년　　　② 백 년

❷ 굳게 믿는 마음을 무엇이라고 하나요?
　① 학신　　　② 확신

❸ 넓혀서 크게 하는 것을 무엇이라고 하나요?
　① 학대　　　② 확대

❹ 동화 '미운 오리 새끼'에 나오는 미운 오리는 커서 무엇이 되나요?
　① 백조　　　② 벡조

❺ 검정색과 반대되는 색은 무엇인가요?
　① 흰색　　　② 힌색

❻ 한 손으로 다룰 수 있는 짧고 작은 총은 무엇인가요?
　① 건총　　　② 권총

❼ 다른 곳에 가서 그 곳의 풍경을 구경하는 것을 뜻하는 말은 무엇인가요?
　① 간광　　　② 관광　　　③ 관강

❽ 메주로 간장을 담근 뒤에 남은 건더기로 만든 것을 무엇이라고 하나요?
　① 된장　　　② 덴장

❾ '어렵다'의 반대되는 말은 무엇인가요?
　① 쉽다　　　② 십다

❿ 웃어른을 만나는 것을 높여 부르는 말은 어느 것인가요?
　① 벱다　　　② 뵙다

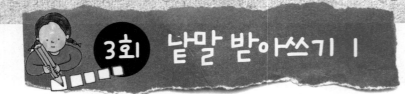
## 3회 낱말 받아쓰기 Ⅰ

불러 주는 낱말을 잘 듣고, 빈칸에 받아쓰세요.

 Track-46

1  

2  

3  

4  

5  

6  

7  

8  

9  

10  

11  

12  

13  

14  

15  

16  

17  

18  

19  

20

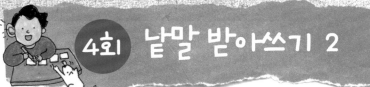

# 4회  낱말 받아쓰기 2

불러 주는 낱말을 잘 듣고, 빈칸에 받아쓰세요.

Track-47

1

2

3

4

5

6

7

8

9

10

11

12

13

14

15

16

17

18

19

20

월    일

어구나 문장을 소리 내어 읽고,
아래 빈칸에 옮겨 쓰세요

① 동화 책 한 권

동화 □ 한 □

② 햅 쌀과 멥 쌀

□ 쌀과 □ 쌀

③ 맨 바닥에 맨 발로

□ 바닥에 □ 발로

④ 넥 타이를 선 택 하다.

□ 타이를 선 □ 하다.

⑤ 내가 원 한 색 깔이에요.

내가 □ 한 □ 깔이에요.

⑥ 색 시의 얼굴이 환 하다.

□ 시의 얼굴이 □ 하다.

⑦ 환 경오염이 확 실하다.

□ 경오염이 □ 실하다.

⑧ 시 원 한 벤 치에서 쉬다.

시 □ 한 □ 치에서 쉬다.

⑨ 관 객 에게 휩 싸이다.

□ □ 에게 □ 싸이다.

⑩ 수학 책 정 확 하게 펼쳐라.

수학 □ 정 □ 하게 펼쳐라.

점수    점/200점

□ 안의 틀린 글자를 찾아 ✕표 하고, 빈칸에 바르게 고쳐 쓰세요.

**틀린 것 찾기**

**바르게 고쳐 쓰기**

① 언̸ 만 한 성격     원 ☐ ☐ 성격

② 벅 성 의 언 성     ☐ ☐ 의 ☐ ☐

③ 계 혁 의 혁 심     ☐ ☐ 의 ☐ ☐

④ 할 동 적 인 어린이     ☐ ☐ ☐ 인 어린이

⑤ 벅 일 장 이 십 다 .     ☐ ☐ ☐ 이 ☐ ☐ .

⑥ 학 실 한 고객을 데리고     ☐ ☐ ☐ 고객을 데리고

⑦ 오 렌 만 에 먹는 된장     ☐ ☐ ☐ 에 먹는 된장

⑧ 벅 김 치 가 멥 다 .     ☐ ☐ ☐ 가 ☐ ☐ .

⑨ 한 상 적 인 건 투     ☐ ☐ ☐ 인 ☐ ☐

⑩ 백곰이 마을을 힙 쓸 고     백곰이 마을을 ☐ ☐ ☐

125

점수    점/200점

불러 주는 말을 잘 듣고,
띄어쓰기에 유의하며 받아쓰세요.

 Track-48

8회 어구와 문장 받아쓰기 2

불러 주는 말을 잘 듣고,
띄어쓰기에 유의하며 받아쓰세요.

 Track-49

1

2

3

4

5

6

7

8

9

10

11

12

# 종합 평가 2회

□ 안의 틀리게 쓴 낱말을 모두 찾아, 오른쪽 빈칸에 바르게 고쳐 쓰세요.

| 틀린 것 찾기 | 바르게 고쳐 쓰기 |
|---|---|

**1** 깽 과 리 소리 　　　　　　□□□ 소리

**2** 셈 물 이 칼 칼 　　　　　　□□ 이 □□

**3** 계 획 의 헥 심 　　　　　　□□ 의 □□

**4** 할 동 적 인 어린이 　　　　□□□ 인 어린이

**5** 한 상 적 인 건 투 시합 　　□□□ 인 □□ 시합

**6** 김치가 멥 다 . 　　　　　　김치가 □□ .

**7** 힙 쓸 고 지나간 바람 　　　□□□ 지나간 바람

**8** 오 렌 만 에 먹는 댄 장 　　□□□ 에 먹는 □□

**9** 할 기 찬 경 젱 을 해요. 　□□□ □□ 을 해요.

**10** 비 헹 기 타고 여 헹 가요. 　□□□ 타고 □□ 가요.

불러 주는 말을 잘 듣고, 띄어쓰기에 유의하며 받아쓰세요. 🎧 Track-50

❶

❷

❸

❹

❺

❻

❼

❽

❾

❿

⓫

⓬

# 종합 평가 2회

불러 주는 말을 잘 듣고, 띄어쓰기에 유의하며 받아쓰세요. 🎧 Track-51

**1**

**2**

**3**

**4**

**5**

**6**

**7**

**8**

**9**

**10**

**11**

**12**

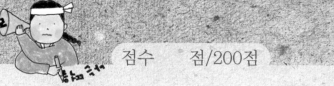

불러 주는 말을 잘 듣고, 띄어쓰기에 유의하며 받아쓰세요. Track-52

**1**

**2**

**3**

**4**

**5**

**6**

**7**

**8**

**9**

**10**

**11**

**12**

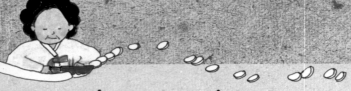

# 종합 평가 2회

불러 주는 말을 잘 듣고, 띄어쓰기에 유의하며 받아쓰세요. Track-53

❶

❷

❸

❹

❺

❻

❼

❽

❾

❿

⓫

⓬

# 더 연습하기

틀린 글자나 문장을 연습해요.

# 〈기적의 명문장 따라쓰기〉

## 책 한 권을 백 번 읽는 효과
## 쓰는 힘, 생각하는 힘을 동시에 기르자!

### 지혜로운 어린이로 거듭나기 위한 '필사(筆寫) 프로젝트'

**속담·고사성어** 편 | 저자 강효미 | 124쪽 | 초등 1학년 이상~ | 10,000원
**명심보감** 편 | 저자 박수밀 | 128쪽 | 초등 2학년 이상~ | 10,000원
**논어** 편 | 저자 박수밀 | 124쪽 | 초등 3학년 이상~ | 10,000원

---

## 〈기적의 명문장 따라쓰기〉 한 권이면 이런 효과를 얻을 수 있어요!

 **1** 집중력 강화

50일 동안 하루 한 문장씩 집중해서 또박또박 읽고, 천천히 따라 쓰는 사이에 자연스럽게 집중력이 강화됩니다. 건성으로 공부하는 아이들의 학습 습관을 〈기적의 명문장 따라쓰기〉 한 권으로 바로잡을 수 있습니다.

 **2** 사고력 증가

'이야기 한 토막', '생각 다지기' '생각 넓히기' 코너를 통해 명문장의 의미와 유래를 이해하기 쉽도록 구성했습니다. 집중해서 읽고 천천히 따라쓰면서 아이의 깊이 있는 사고를 유도합니다.

 **3** 필력 충전

열 번 읽는 것보다 한 번 직접 써 보는 것이 학습 효과 면에서 훨씬 뛰어납니다. 명문장을 소리 내어 읽으면서 따라 쓰면 예쁜 글씨체를 익힐 수 있고, 나날이 성장하는 아이의 필력을 눈으로 확인할 수 있습니다.

# 〈기적의 일기 쓰기〉
## 30일 완성 글쓰기 프로그램
## 일기 쓰기가 척척! 글쓰기 실력은 쑥쑥!

## "엄마, 일기는 어떻게 써요?"
아이들의 질문에 대한 명쾌한 해답!
일기를 한 줄도 못 쓰는 아이들에게 일기 쓰는 가장 쉬운 방법을 알려 주는 교재

### 구성

최영환 · 문경은 · 이수희 · 이선욱 지음
7세~초등 2학년 | 각 권 8,000원 | 세트 24,000원

1권 시간과 장소를 중심으로 일기 쓰기
2권 인물과 사건을 중심으로 일기 쓰기
3권 시간, 장소, 인물, 사건의 조합으로 일기 쓰기

### 특징

- 시간, 장소, 인물, 사건의 4가지 키워드로 생각을 정리해요.
- 체계적인 원리 학습을 통해 일기 쓰기의 기초부터 응용까지 익혀요.
- 단계별 학부모 지도팁이 상세하게 제공되어 홈스쿨링이 가능해요.

# 끝말잇기

기적의 받아쓰기 1권 공부가 끝났어요.
새로 알게 된 낱말을 하나 골라 재미있게 끝말잇기를 해 보세요.

〈기적의 한글 학습〉 최영환 교수의 받아쓰기 프로그램!
2007년 출간 이래 최고의 베스트셀러!

# 기적의 받아쓰기

개정판

**1권** 소리 나는 대로 쓰기 – 학부모용

〈7세~초등 2학년〉

길벗스쿨

# 이 책의 활용 방법

## ① 목표 확인

목표를 생각하면서 공부를 하면 효과가 높다는 연구 결과가 많습니다. 받아쓰기에서도 무엇을 학습해야 하는지 정확하게 알면 초점이 분명해지기 때문에, 불필요한 부분을 배제하고 효율적으로 지도할 수 있습니다. 아이들이 학습 목표가 아닌 부분을 틀렸을 경우에도 참고만 하시고, 학습에 포함시키지 않는 것이 좋습니다. 목표를 단일화해야만 합니다. 이 점을 반드시 기억해 주 시오.

## ② 준비 학습(연습하기)

받아쓰기를 하기 전에 미리 준비를 합니다. 학습할 요소를 미리 추출하여 낱자를 연습시키는 단계입니다. 낱자 연습을 통해 받아쓰기를 할 때 주의할 점이 무엇인지 인지하게 되고, 실제로 받아쓰기를 할 때 여기서 학습한 낱자가 그대로 사용되는 경우가 많습니다. 다만, 학습 능력이 우수한 아이의 경우 이 과정을 생략할 수도 있습니다.

## ③ 낱말 연습하기 1(1회)

★ 아이 스스로 공부하게 하십시오.

현재의 받아쓰기는 문장을 불러 주기 때문에 아이들이 매우 힘들어합니다. 한 문장 안에 학습할 요소와 그렇지 않은 요소가 포함되어 있기 때문에 초점도 흐려지게 됩니다. '낱말 연습 1'에서는 학습할 낱말의 글자 형태를 미리 알게 하고, 한번 써 보게 하는 데 초점을 두었습니다. 글자를 보고 쓰는 것이기 때문에 혼자서 학습할 수 있고, 낱말만 모아서 제시하였기 때문에 학습 요소를 중심으로 반복 학습이 가능합니다.

## ④ 낱말 연습하기 2(2회)

★ 아이 스스로 공부하게 하십시오.

수수께끼처럼 만들어서 혼자서 재미있게 공부할 수 있게 하였습니다. 답이 아닌 보기는 아이들이 받아쓰기를 한 것에서 흔히 발견되는 잘못 쓴 형태이므로 스스로 자신의 잘못을 교정하는 데 도움이 될 것입니다. 실제로 아이들이 이 과정을 어려워하는 경우가 많습니다. 주의 깊게 살펴보시고, 지도할 것이 무엇인지 확인하여 주십시오.

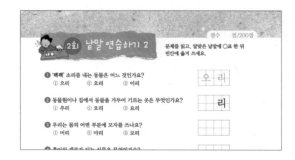

★**중간 평가 1, 2회** – 각 장이 끝날 때마다 그 장에서 배운 내용을 확인합니다.
★**종합 평가 1, 2회** – 2개의 장이 끝날 때마다 그 장에서 배운 내용을 확인합니다.

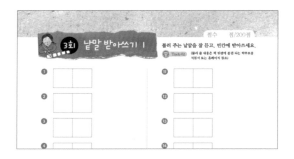

## ⑤ 낱말 받아쓰기 1, 2(3회, 4회)

★ 선생님이나 부모님과 함께 공부하십시오.

받아쓰기는 불러 주는 말을 글자로 옮기는 것입니다. 학습할 목표가 반영된 낱말 40개를 제시하였으므로, 낱말의 받아쓰기 연습의 마지막 과정이 됩니다. 반복을 통한 원리 이해에도 도움이 될 것입니다. 아이들이 흥미를 느끼면 20개씩 불러 주시고, 그렇지 않으면 10개씩 나누어서 연습하십시오. 아이가 잘 틀리는 것만 골라서 불러 주셔도 좋습니다.

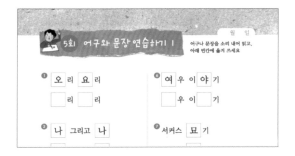

## ⑥ 어구와 문장 연습하기 1(5회)

★ 아이 스스로 공부하게 하십시오.

유사한 낱말을 비교하면서 문장으로 확장하기 위한 과정입니다. 어구의 형태로 만들어서 부담을 줄이고 혼동하기 쉬운 형태, 서로 형태는 비슷하면서 다른 것을 제시하여 연습의 효과를 높였습니다. 아이가 형태의 차이, 발음의 차이를 인지하도록 도와주시고, 필요한 경우에 부모님과 아이가 함께 글자를 짚어 가면서 발음을 해 보는 것도 좋습니다.

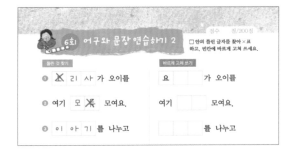

## ⑦ 어구와 문장 연습하기 2(6회)

★ 아이 스스로 공부하게 하십시오.

잘못 쓴 글자를 보면서 고치도록 하는 과정입니다. 문장의 뜻이 무엇인지 모를 경우 고쳐 쓸 수 없으므로 부모님께서 살펴보시고 뜻을 알려 주셔도 좋습니다. 고쳐 쓸 때에는 오른쪽 빈 칸에 쓸 바른 형태에 초점을 두도록 강조하고 확인해 주셔야 합니다. 그렇지 않을 경우 왼쪽 칸의 잘못된 형태가 머릿속에 남을 수도 있으니 지도에 유의하십시오. 문장 받아쓰기를 위한 마지막 준비 과정이므로 열심히 해야 합니다.

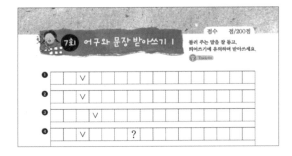

## ⑧ 어구와 문장 받아쓰기 1, 2(7회, 8회)

★ 선생님이나 부모님과 함께 공부하십시오.

학교에서 받아쓰기를 하는 것과 가장 유사한 형태입니다. 아이가 잘 받아쓸 수 있도록 문장을 부르실 때 한 번은 천천히, 그 다음에는 정상 속도로 불러 주십시오. 1권과 2권의 20단계까지는 아이들이 띄어쓰기에 부담을 갖지 않고 자연스럽게 학습할 수 있도록 띄어쓰기의 위치와 마침표를 표시하였습니다.

★홈페이지에 제공된 불러 주기용 파일은 MBC 성우의 음성으로, 정확한 발음을 제공합니다.
★이 책에 실린 모든 낱말의 맞춤법과 띄어쓰기는 국립국어원의 표준국어대사전에 의거합니다.

# 채점 및 결과 활용 방법 ●●●●●●●●●●●●●●●●●●●●●●●●●●●●●

이 책을 사용하면서 받아쓰기 결과를 채점할 때 다음의 3가지를 고려해야 합니다.

## 첫째, 단계별 목표를 중심으로 채점한다.

　받아쓰기를 하면 대개 전체 문장이 맞았는지 틀렸는지 판단하고 채점을 합니다. 그럴 경우 한 글자만 틀려도 문장 전체가 틀린 것으로 채점하게 되는데, 이것은 채점 결과를 활용할 때 아무런 도움이 되지 않습니다. 이 책을 사용할 때 채점은 단계별 목표에 중점을 두어 낱말을 채점하고, 문장에서도 핵심 낱말을 중심으로 살펴보아야 합니다. 예를 들어, 받침이 뒤로 넘어가는 것을 학습하는 단계에서 '그림책에 나온 동물'이라는 문장을 받아쓸 때 [채게]를 '책에'라고 바르게 썼는지에 초점을 두어야 합니다. 그래서 채점을 할 때 전체 문장이 맞았으면 문제당 정한 점수를 주고, 단계별 핵심 요소에 다시 한 번 동그라미를 해 주어 반복 학습의 효과를 얻을 수 있게 해야 합니다. 만일 핵심 학습 요소를 틀렸을 경우 그 부분에만 틀린 표시를 해서 감점을 합니다.

## 둘째, 학습 단계별 요소를 구별하여 채점한다.

　이 책에서는 학습 단계별 요소를 체계적으로 반영하여 모든 자료는 앞 단계에서 학습한 요소와 새로 학습할 요소만으로 만들었습니다. 앞으로 학습할 요소는 최대한 반영하지 않도록 하였습니다. 따라서 대부분의 자료는 학습자가 이미 알고 있는 받아쓰기 지식을 토대로 각 단계별로 학습할 받아쓰기 지식을 추가하면 됩니다. 채점 역시 이러한 체계를 반영하여 단계별 요소를 중심으로 채점하고, 이전 단계에서 학습한 것을 틀렸을 경우 채점에서 배제할 수 있습니다. 위의 예에서, '그림책에 나온 동물' 중 '림' 자를 틀렸거나 '동물'을 잘못 썼다고 해도 감점하거나 틀린 것으로 채점하지 않고, '책에'를 제대로 썼다면 맞은 것으로 인정하는 방식입니다. 즉 문장 전체를 채점하지 않고, 문장 속에서 목표 단계별 요소가 반영된 낱말을 찾아 채점하여 초점을 강조할 수 있습니다. 이 방법은 이전 학습의 결과를 계속 유지하지 못하는 학습자들이 자신감을 잃지 않도록 하는 것이므로 필요에 따라 선택적으로 사용해도 좋습니다.

## 셋째, 점수는 최대한 잘 주고, 감점은 최소화한다.

　받아쓰기 핵심 요소를 중심으로 하여 낱말 받아쓰기의 경우 20개씩 2개 세트가 제공됩니다. 이것을 10개씩 나누어 제공할 수도 있고 20개씩 나누어 제공할 수도 있습니다. 학습자의 특성에 따라 선택하면 됩니다. 채점할 때에는 위의 지침을 따르도록 합니다. 문장 받아쓰기는 12개 문장을 제시하였는데, 이것은 총 배점이 200점이 되도록 하여 받아쓰기 점수가 높아지는 효과가 있습니다. 즉 100점 만점으로 채점하지 말고 200점 만점으로 채점해서 학습자가 자신의 받아쓰기 점수에 대해 만족하고 스스로 자신감을 갖도록 해 줍니다. 감점은 최소화해서 틀린 글자 단위로 1점이나 2점, 혹은 자유롭게 정해서 채점해 주십시오.

 받아쓰기 채점에서 가장 중요한 것은 학습자에 대한 평가 점수를 얻는 것이 아니라 받아쓰기 능력에 대한 정보를 얻고, 학습자가 받아쓰기에 흥미를 갖고 더 열심히 받아쓰기를 하도록 격려하는 것입니다. 학부모가 점수에 인색하면, 학습자는 학습에 인색하게 된다는 점을 유념해 주시기 바랍니다.

# 쉬운 모음과 자음이 있는 음절을 써요

★이것을 가르쳐 주세요★

이 단계에서는 받침이 없는 글자를 소리 나는 대로 쓰는 방법을 지도합니다.

- 모음 'ㅏ,ㅓ,ㅗ,ㅜ'와 'ㅑ,ㅕ,ㅛ,ㅠ'의 모양과 소리를 구별하기
- 자음 'ㅇ,ㄱ,ㄴ,ㄷ,ㄹ,ㅁ,ㅂ,ㅅ,ㅈ'의 모양과 소리를 구별하기

★학습 목표★

- 모음 'ㅏ,ㅓ,ㅗ,ㅜ'와 'ㅑ,ㅕ,ㅛ,ㅠ'의 모양과 소리를 구별하기

'아, 야, 어, 여, 오, 요, 우, 유, 으, 이'를 소리 내어 읽고, 글자를 보지 않고 쓸 수 있어야 합니다. 'ㅑ,ㅕ,ㅛ,ㅠ'가 있는 낱말을 많이 틀린다면 자음을 연결하여 '고'와 '교', '두'와 '듀'처럼 비교하면서 소리 내어 읽고 써 보게 하세요.

- 자음 'ㅇ,ㄱ,ㄴ,ㄷ,ㄹ,ㅁ,ㅂ,ㅅ,ㅈ'의 모양과 소리를 구별하기

자음 'ㅇ,ㄱ,ㄴ,ㄷ,ㄹ,ㅁ,ㅂ,ㅅ,ㅈ'에 모음 'ㅏ,ㅑ,ㅓ,ㅕ,ㅗ,ㅛ,ㅜ,ㅠ,ㅡ,ㅣ'를 연결하여 글자를 만들고, 각 글자를 읽어 주세요. 소리 내어 읽기와 쓰기를 반복할수록 아이들이 낱말의 모양을 더 정확하게 이해할 수 있습니다.

★지도할 때 주의할 점★

이 단계는 비교적 소리와 글자를 연결하기 쉽습니다. 다른 글자를 배우기 위한 기초이니 반복하여 정확하고 충분히 연습하게 해 주어야 합니다. 아이들은 'ㅑ,ㅕ,ㅛ,ㅠ'가 포함된 글자를 헷갈리는 경우가 많습니다. 한동안 'ㅏ'도 'ㅑ'로 쓰는 등의 혼란을 겪기도 합니다. 그러나 서두르지 말고 서로 비교하여 들려 주면 점차 구별하게 됩니다.

## 1회 16쪽

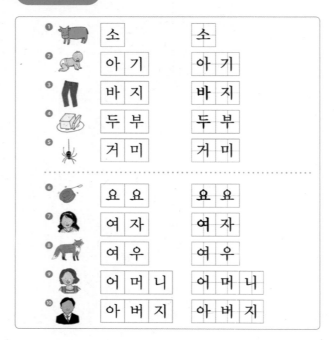

| ① | 소 | 소 |
| ② | 아기 | 아기 |
| ③ | 바지 | **바**지 |
| ④ | 두부 | 두부 |
| ⑤ | 거미 | 거미 |

| ⑥ | 요요 | 요요 |
| ⑦ | 여자 | **여**자 |
| ⑧ | 여우 | 여우 |
| ⑨ | 어머니 | 어머니 |
| ⑩ | 아버지 | 아버지 |

## 2회 17쪽

❶ '꽥꽥' 소리를 내는 동물은 어느 것인가요?
① 으리  ②오리  ③ 이리
→ 오 리

❷ 동물원이나 집에서 동물을 가두어 기르는 곳은 무엇인가요?
①우리  ② 오리  ③ 요리
→ 우 리

❸ 우리는 몸의 어떤 부분에 모자를 쓰나요?
①머리  ② 마리  ③ 모리
→ 머 리

❹ 종이의 재료가 되는 식물은 무엇인가요?
①나무  ② 너무  ③ 나모
→ 나 무

❺ 아랫도리에 입는 옷은 어느 것인가요?
① 버지  ② 비자  ③바지
→ 바 지

❻ 남자가 자기보다 나이 많은 여자 형제를 부르는 말은 무엇인가요?
①누나  ② 노나  ③ 노녀
→ 누 나

❼ 투명하고 잘 깨지는 것으로 창문에 쓰이는 것은 무엇인가요?
① 우리  ② 오리  ③유리
→ 유 리

❽ '남자'의 반대되는 말은 무엇인가요?
① 여쟈  ②여자  ③ 어자
→ 여 자

❾ 나를 낳아 주신 분은 누구인가요?
① 아마니  ②어머니  ③ 너머니
→ 어 머 니

❿ 삶아서 먹으면 단맛이 나는 음식은 무엇인가요?
① 고구미  ② 쿄구마  ③고구마
→ 고 구 마

## 3회 18쪽

| ① | 오이 |
| ② | 오리 |
| ③ | 아기 |
| ④ | 나무 |
| ⑤ | 나비 |
| ⑥ | 모자 |
| ⑦ | 소 |
| ⑧ | 이마 |
| ⑨ | 바지 |
| ⑩ | 거미 |
| ⑪ | 구두 |
| ⑫ | 두부 |
| ⑬ | 우주 |
| ⑭ | 소리 |
| ⑮ | 요리 |
| ⑯ | 유리 |
| ⑰ | 우유 |
| ⑱ | 여우 |
| ⑲ | 요요 |
| ⑳ | 야구 |

## 4회 19쪽

| ① | 여기 |
| ② | 너무 |
| ③ | 여자 |
| ④ | 미녀 |
| ⑤ | 뉴스 |
| ⑥ | 묘기 |
| ⑦ | 비교 |
| ⑧ | 이야기 |
| ⑨ | 너구리 |
| ⑩ | 자라다 |
| ⑪ | 모이다 |
| ⑫ | 그리고 |
| ⑬ | 마셔요 |
| ⑭ | 오려요 |
| ⑮ | 바라보다 |
| ⑯ | 나누어요 |
| ⑰ | 기다려요 |
| ⑱ | 부러지다 |
| ⑲ | 다녀오다 |
| ⑳ | 두루마리 |

### 5회 20쪽

① 오 리 요 리
오 리 요 리

② 나 그리고 너
나 그리고 너

③ 우 주 비행사
우 주 비행사

④ 누 나의 구 두
누 나의 구 두

⑤ 야 구 선 수
야 구 선 수

⑥ 여 우 이 야 기
여 우 이 야 기

⑦ 서커스 묘 기
서커스 묘 기

⑧ 교 가를 부르 며
교 가를 부르 며

⑨ 벼 가 겨 우 자라서
벼 가 겨 우 자라서

⑩ 여 기서 기다 려 요.
여 기서 기다 려 요.

### 6회 21쪽

| 틀린 것 찾기 | 바르게 고쳐 쓰기 |
|---|---|

① ✗ 리 사 가 오이를  →  요 리 사 가 오이를

② 여기 모 ✗ 모여요.  →  여기 모 두 모여요.

③ 이 ✗ 기 를 나누고  →  이 야 기 를 나누고

④ 종이에 그 ✗ 요.  →  종이에 그 려 요.

⑤ 친구를 기 다 ✗ 요.  →  친구를 기 다 려 요.

⑥ 미 ✗ 와 야 ✗  →  미 녀 와 야 수

⑦ 아 ✗ 지 의 ✗ 두  →  아 버 지 의 구 두

⑧ 우 ✗ 를 마 ✗ 요.  →  우 유 를 마 셔 요.

⑨ 소 가 우는 ✗ 리  →  소 가 우는 소 리

⑩ ✗ 나 가 ✗ 스 보다가  →  누 나 가 뉴 스 보다가

### 7회 22쪽

① 오 리 ∨ 기 르 기
② 사 자 ∨ 우 리
③ 아 버 지 ∨ 구 두
④ 저 기 ∨ 누 구 지 ?
⑤ 아 기 ∨ 나 무 ∨ 소 리
⑥ 어 서 어 서 ∨ 자 라 라 .
⑦ 나 ∨ 그 리 고 ∨ 너
⑧ 나 비 ∨ 두 ∨ 마 리
⑨ 이 야 기 ∨ 나 누 어 요 .
⑩ 다 리 미 로 ∨ 다 리 다 .
⑪ 아 버 지 ∨ 주 무 시 고
⑫ 모 두 ∨ 여 기 로 ∨ 모 여 라 .

### 8회 23쪽

① 여 기 가 ∨ 어 디 지 ?
② 아 버 지 ∨ 모 시 고
③ 거 미 가 ∨ 나 오 니 ?
④ 허 리 ∨ 구 부 리 고
⑤ 비 가 ∨ 오 려 나 ?
⑥ 너 ∨ 어 디 서 ∨ 오 니 ?
⑦ 요 리 사 가 ∨ 고 구 마 로
⑧ 너 구 리 가 ∨ 기 어 가 다 .
⑨ 저 기 ∨ 보 리 가 ∨ 자 라 요 .
⑩ 미 녀 ∨ 그 리 고 ∨ 야 수
⑪ 뉴 스 ∨ 다 시 ∨ 보 기
⑫ 벼 가 ∨ 어 서 ∨ 자 라 서

# 어려운 자음이 있는 음절을 써요

★이것을 가르쳐 주세요★

이 단계에서는 받침이 없는 글자를 소리 나는 대로 쓰는 방법을 지도합니다.

- **자음 'ㅊ,ㅋ,ㅌ,ㅍ,ㅎ'의 모양과 소리 구별하기**
- **자음 'ㄲ,ㄸ,ㅃ,ㅆ,ㅉ'의 모양과 소리 구별하기**


★학습 목표★

- **자음 'ㅊ,ㅋ,ㅌ,ㅍ,ㅎ'의 모양과 소리 구별하기**

자음 'ㅊ,ㅋ,ㅌ,ㅍ,ㅎ'은 'ㅈ,ㄱ,ㄷ,ㅂ,ㅇ'에 획을 하나 더 그어서 씁니다. 소리가 거세게 나오기 때문에 입에서 바람이 나옵니다. 입 앞에 손이나 종이를 갖다 대고 발음해 보세요.

- **자음 'ㄲ,ㄸ,ㅃ,ㅆ,ㅉ'의 모양과 소리 구별하기**

자음 'ㄲ,ㄸ,ㅃ,ㅆ,ㅉ'는 'ㄱ,ㄷ,ㅂ,ㅅ,ㅈ'을 반복하여 쓴 것입니다. 힘들게 쓰는 것만큼 발음도 힘들게 내는 소리(된소리)가 나옵니다.

※'된소리'란? 목청을 거의 닫은 상태로 내는 소리입니다.


★지도할 때 주의할 점★

아이들은 1단계에서 배운 자음과 쉽게 헷갈립니다. 소리와 글자를 정확하게 연결하지 못한 아이는 '파도'를 '바도', '코끼리'를 '코기리'로 쓰기도 합니다. 이 단계의 자음을 어려워하면 아래의 표처럼 비교하면서 소리 내어 읽도록 해 보세요.

| | ㅏ | | ㅏ | | ㅏ | | ㅏ | | ㅏ | | ㅏ |
|---|---|---|---|---|---|---|---|---|---|---|---|
| ㄱ | 가 | ㄷ | 다 | ㅂ | 바 | ㅈ | 자 | ㅅ | 사 | ㅇ | 아 |
| ㅋ | 카 | ㅌ | 타 | ㅍ | 파 | ㅊ | 차 | ㅆ | 싸 | ㅎ | 하 |
| ㄲ | 까 | ㄸ | 따 | ㅃ | 빠 | ㅉ | 짜 | | | | |

## 낱말 연습하기 1, 2

아이 스스로 공부하도록 지도해 주세요.
진하게 쓴 글자를 바르게 쓰는지 확인해 주세요.

### 1회 26쪽

**①** 기차 / 기차
**②** 고추 / 고추
**③** 치마 / 치마
**④** 호두 / 호두
**⑤** 하마 / 하마

**⑥** 뿌리 / 뿌리
**⑦** 도끼 / 도끼
**⑧** 조끼 / 조끼
**⑨** 까치 / 까치
**⑩** 코끼리 / 코끼리

### 2회 27쪽

**①** 우리가 다른 장소로 갈 때 타며 바퀴가 있는 것은 무엇인가요?
① 짜    ②차    ③ 자 → 차

**②** 냄새를 맡을 수 있는 우리 몸의 신체 기관은 무엇인가요?
① 꼬    ② 고    ③코 → 코

**③** 보라색 동그란 알맹이가 여러 개 달려 있는 과일은 무엇인가요?
① 보도    ②포도    ③ 포또 → 포도

**④** 아주 매운 야채로, 빨간색이나 초록색을 띤 채소는 무엇인가요?
① 고주    ②고추    ③ 코추 → 고추

**⑤** 낮 12시부터 해가 질 때까지의 시간을 무엇이라고 하나요?
① 호후    ② 오후    ③오후 → 오후

**⑥** 부모님께 공손하게 대하고, 기쁘게 해 드리는 일을 무엇이라고 하나요?
①효도    ② 표도    ③ 요도 → 효도

**⑦** 여자 동생보다 먼저 태어난 남자 형제를 무엇이라고 하나요?
① 오바    ② 오파    ③오빠 → 오빠

**⑧** 동물의 엉덩이에 붙어 있는 신체 기관은 무엇인가요?
① 고리    ② 코리    ③꼬리 → 꼬리

**⑨** 검정색과 흰색의 건반으로 이루어진 악기는 무엇인가요?
①피아노    ② 비아노    ③ 삐아노 → 피아노

**⑩** 코가 아주 긴 동물의 이름은 무엇인가요?
①코끼리    ② 꼬끼리    ③ 코기리 → 코끼리

## 낱말 받아쓰기 1, 2

진하게 쓴 글자의 발음에 유의하며 한 번만 불러 주세요.
단, 받아쓰기가 익숙하지 않아 잘 못 알아들었을 경우 한 번 더 불러 주세요.

### 3회 28쪽

**①** 코
**②** 혀
**③** 뼈
**④** 기차
**⑤** 고추
**⑥** 치마
**⑦** 포도
**⑧** 파리
**⑨** 파도
**⑩** 타조

**⑪** 하마
**⑫** 휴지
**⑬** 효도
**⑭** 아빠
**⑮** 뽀뽀
**⑯** 뿌리
**⑰** 꼬리
**⑱** 도끼
**⑲** 토끼
**⑳** 차표

### 4회 29쪽

**①** 타다
**②** 켜다
**③** 펴다
**④** 끄다
**⑤** 자꾸
**⑥** 아까
**⑦** 아프다
**⑧** 터지다
**⑨** 느끼다
**⑩** 꾸미기

**⑪** 거꾸로
**⑫** 싸우다
**⑬** 기뻐요
**⑭** 바쁘다
**⑮** 떠나고
**⑯** 느티나무
**⑰** 호루라기
**⑱** 우리끼리
**⑲** 가까스로
**⑳** 따라가다

# 어구와 문장연습하기 1, 2 ● 아이 스스로 공부하도록 지도해 주세요.

## 5회 30쪽

❶ 효도 하기
   효도 하기

❷ 오 빠 가 아 파 요.
   오 빠 가 아 파 요.

❸ 까 치 우는 소리
   까 치 우는 소리

❹ 타 조는 빠 르다.
   타 조는 빠 르다.

❺ 키 가 너무 커 서
   키 가 너무 커 서

❻ 허 리를 펴 요.
   허 리를 펴 요.

❼ 도 끼 로 느 티 나무를
   도 끼 로 느 티 나무를

❽ 기 차 를 타고 떠 나요.
   기 차 를 타고 떠 나요.

❾ 바다에서 파 도 타 기
   바다에서 파 도 타 기

❿ 아 빠 는 이 쑤 시개를
   아 빠 는 이 쑤 시개를

## 6회 31쪽

틀린 것 찾기 | 바르게 고쳐 쓰기

❶ 여 기 ✖ 지 따라와요. → 여 기 까 지 따라와요.

❷ ✖ 주 머 니 가 커요. → 호 주 머 니 가 커요.

❸ 오 후 부 ✖ 비가 와요. → 오 후 부 터 비가 와요.

❹ 가 ✖ ✖ 로 고치고 → 가 까 스 로 고치고

❺ 나무 뿌 리 ✖ 지 뽑아 → 나무 뿌 리 까 지 뽑아

❻ 포도 모양으로 ✖ 미 기 → 포도 모양으로 꾸 미 기

❼ 자꾸 ✖ ✖ 로 가지 마. → 자꾸 거 꾸 로 가지 마.

❽ 전등을 ✖ 고 끄 기 → 전등을 켜 고 끄 기

❾ 코 ✖ 리 아 저 ✖ → 코 끼 리 아 저 씨

❿ 느 ✖ 나무 위, 토 ✖ → 느 티 나무 위, 토 끼

# 어구와 문장받아쓰기 1, 2 ● 정확한 발음으로 한 번만 불러 주세요. 단, 받아쓰기가 익숙하지 않아 잘 못 알아들었을 경우 한 번 더 불러 주세요. 띄어쓰기 (∨) 부분은 짧게 띄어 읽어 주세요.

## 7회 32쪽

❶ 파 도 가 ∨ 치 는
❷ 피 아 노 ∨ 치 기
❸ 바 다 가 ∨ 푸 르 다.
❹ 누 나 ∨ 따 라 ∨ 하 기
❺ 토 끼 ∨ 꼬 리
❻ 호 두 ∨ 까 기
❼ 너 무 ∨ 기 쁘 다.
❽ 이 야 기 ∨ 보 따 리
❾ 코 끼 리 ∨ 아 저 씨
❿ 아 까 ∨ 싸 우 고
⓫ 도 끼 가 ∨ 빠 져 서
⓬ 자 주 ∨ 떠 오 르 다.

## 8회 33쪽

❶ 켜 고 ∨ 끄 기
❷ 누 나 가 ∨ 토 라 져 서
❸ 코 피 가 ∨ 터 져 서
❹ 오 후 ∨ 두 ∨ 시 까 지
❺ 기 차 ∨ 타 고 ∨ 떠 나 요.
❻ 파 리 가 ∨ 또 ∨ 나 타 나 서
❼ 크 기 ∨ 따 라 ∨ 다 르 지.
❽ 호 두 ∨ 하 나 ∨ 드 려 라.
❾ 우 리 끼 리 ∨ 모 여 서 ∨ 하 자.
❿ 다 리 가 ∨ 아 프 다 고 ∨ 하 여
⓫ 아 저 씨 가 ∨ 너 무 ∨ 바 빠 서
⓬ 느 티 나 무 ∨ 뿌 리 가 ∨ 자 라 서

## 3단계

# 헷갈리는 모음이 있는 음절을 써요

★이것을 가르쳐 주세요★

이 단계에서는 모든 자음과 헷갈리기 쉬운 모음(ㅏ, ㅘ, ㅐ, ㅔ)을 구별하여 쓰는 방법을 지도합니다.

- **모음 'ㅏ'와 'ㅘ'를 구별하기**
- **모음 'ㅐ'와 'ㅔ'를 구별하기**

★학습 목표★

- **모음 'ㅏ'와 'ㅘ'를 구별하기**

일상생활에서 'ㅘ'를 'ㅏ'로 발음하는 경우가 많습니다. 그림을 그리는 종이인 '도화지'를 [도와지]나 [도아지]로, '봐요'를 [바요]로 발음하기 때문에 아이들이 정확하게 쓰기 어렵습니다. 따라서 낱말을 불러 줄 때에는 정확하게 구별하여 발음해 주어야 합니다.

- **모음 'ㅐ'와 'ㅔ'를 구별하기**

'ㅐ'는 'ㅏ'를 발음하는 입 모양에서 입술 사이를 좁혀 발음하고, 'ㅔ'는 'ㅓ'를 발음하는 입 모양에서 입술 사이를 좁혀 발음합니다.

★지도할 때 주의할 점★

어른들은 'ㅐ'와 'ㅔ'를 거의 구별하여 발음하는 사람들이 많지 않습니다. 그렇다 보니 아이들도 구별하여 쓰기를 어려워합니다. 혹, 바른 발음으로 불러 줬는데도 틀리게 쓴다면 이는 잠시 혼란을 겪는 것이므로 걱정하지 않으셔도 됩니다. 헷갈려서 잘못 쓰는 낱말을 다시 바르게 쓰도록 중점적으로 지도해 주세요. 또, 소리를 구별하기 어려우면 일단 낱말을 외우도록 합니다.

## 1회 36쪽

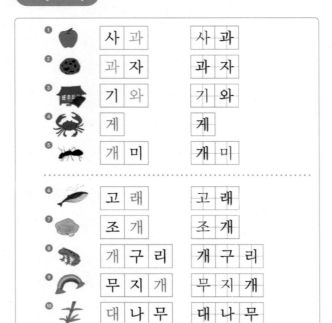

❶ 사과 / 사과
❷ 과자 / 과자
❸ 기와 / 기와
❹ 게 / 게
❺ 개미 / 개미

❻ 고래 / 고래
❼ 조개 / 조개
❽ 개구리 / 개구리
❾ 무지개 / 무지개
❿ 대나무 / 대나무

## 2회 37쪽

❶ 그림을 그릴 때 쓰는 종이는 무엇인가요?
① 도하지  ②도화지
도화지

❷ '보아요'를 줄여 쓴 말은 어느 것인가요?
①봐요  ② 바요
봐요

❸ 지붕을 덮기 위해 흙으로 만든 것은 무엇인가요?
① 기아  ②기와
기와

❹ 삼각형을 다른 말로 무엇이라고 부르나요?
①세모  ② 새모
세모

❺ 내일의 다음 날을 무엇이라고 하나요?
① 모래  ②모레
모레

❻ 오늘의 바로 하루 전날을 무엇이라고 하나요?
① 어재  ②어제
어제

❼ 연필로 쓴 것을 지울 때 쓰는 것은 무엇인가요?
①지우개  ② 지우게  ③ 지후개
지우개

❽ '만나다'의 반대되는 말은 어느 것인가요?
① 헤어지다  ②헤어지다
헤어지다

❾ 도화지나 종이에 그림을 그리는 도구는 무엇인가요?
① 크래파스  ②크레파스
크레파스

❿ 전화를 받을 때 맨 처음 하는 말은 무엇인가요?
① 여보새요  ②여보세요
여보세요

## 3회 38쪽

❶ 사과
❷ 과자
❸ 기와
❹ 화가
❺ 해
❻ 노래
❼ 배추
❽ 모래
❾ 어깨
❿ 가재

⑪ 소매
⑫ 아래
⑬ 빼기
⑭ 세모
⑮ 네모
⑯ 가게
⑰ 제비
⑱ 자세
⑲ 제사
⑳ 베개

## 4회 39쪽

❶ 도화지
❷ 지우개
❸ 배우다
❹ 대나무
❺ 보조개
❻ 그래서
❼ 내리다
❽ 도르래
❾ 베다
❿ 제주도

⑪ 자세히
⑫ 테두리
⑬ 빠르게
⑭ 화내다
⑮ 세차게
⑯ 깨어나다
⑰ 크레파스
⑱ 드리세요
⑲ 도화지에
⑳ 데려와요

## 5회 40쪽

① 개 와 게
　 개 와 게

② 내 가 / 네 가
　 내 가 / 네 가

③ 참 새 와 제 비
　 참 새 와 제 비

④ 자 세 도 바 르 게
　 자 세 도 바 르 게

⑤ 체 조 도 배 우 고
　 체 조 도 배 우 고

⑥ 도 와 드리자.
　 도 와 드리자.

⑦ 도 화 지 에 그려요.
　 도 화 지 에 그려요.

⑧ 자 세 히 봐 요.
　 자 세 히 봐 요.

⑨ 화 내 지 마 세 요.
　 화 내 지 마 세 요.

⑩ 비가 세 차 게 내 려요.
　 비가 세 차 게 내 려요.

## 6회 41쪽

| 틀린 것 찾기 | 바르게 고쳐 쓰기 |
|---|---|

① 지 우 ~~개~~ 사러 가자. → 지 우 개 사러 가자.

② ~~체~~ 조 도 배우고 → 체 조 도 배우고

③ 오 ~~래~~ 오 ~~래~~ 사세요. → 오 래 오 래 사세요.

④ 흥부와 ~~제~~ 비 다 리 → 흥부와 제 비 다 리

⑤ 어머니와 ~~헤~~ 어 지 고 → 어머니와 헤 어 지 고

⑥ 참새가 노 래 하 ~~네~~ . → 참새가 노 래 하 네 .

⑦ 도 ~~화~~ 지 에 그려. → 도 화 지 에 그려.

⑧ ~~세~~ 모 ~~네~~ 모 동그라미 → 세 모 네 모 동그라미

⑨ ~~베~~ 개 를 ~~베~~ 고 자요. → 베 개 를 베 고 자요.

⑩ 사 과 ~~네~~ ~~개~~ 주세요. → 사 과 네 개 주세요.

## 7회 42쪽

① 무 와 ∨ 배 추
② 고 래 와 ∨ 조 개
③ 세 모 와 ∨ 네 모
④ 과 자 ∨ 주 세 요 .
⑤ 기 차 가 ∨ 너 무 ∨ 기 네 .
⑥ 이 야 기 를 ∨ 해 ∨ 봐 요 .
⑦ 여 보 세 요 ? ∨ 누 구 세 요 ?
⑧ 우 리 ∨ 배 ∨ 타 러 ∨ 가 요 .
⑨ 사 과 ∨ 세 ∨ 개 ∨ 주 세 요 .
⑩ 그 래 서 ∨ 노 래 도 ∨ 배 우 고
⑪ 제 가 ∨ 해 ∨ 보 고 ∨ 나 서
⑫ 내 가 ∨ 아 래 로 ∨ 내 려 가 고

## 8회 43쪽

① 대 나 무 와 ∨ 소 나 무
② 매 미 와 ∨ 해 바 라 기
③ 가 로 와 ∨ 세 로
④ 가 재 와 ∨ 게
⑤ 네 가 ∨ 노 래 해 ∨ 봐 .
⑥ 차 에 서 ∨ 내 리 자 마 자
⑦ 과 자 ∨ 가 게 에 ∨ 가 서
⑧ 빠 르 게 ∨ 배 우 네 .
⑨ 배 ∨ 타 고 ∨ 제 주 도 로 ∨ 가 요 .
⑩ 나 무 에 서 ∨ 제 비 가 ∨ 노 래 하 네 .
⑪ 고 개 ∨ 너 머 에 ∨ 사 과 나 무
⑫ 내 가 ∨ 어 머 니 와 ∨ 헤 어 지 고 ∨ 나 서

## 1회 44쪽

| 틀린 것 찾기 | 바르게 고쳐 쓰기 |
|---|---|
| ❶ 시쇼를 따다가 | 시소를 타다가 |
| ❷ 제비 다리가 부려저서 | 제비 다리가 부러져서 |
| ❸ 다리미로 다려야지. | 다리미로 다려야지. |
| ❹ 어머니를 기다려요. | 어머니를 기다려요. |
| ❺ 오후카지 마쳐야 해. | 오후까지 마쳐야 해. |
| ❻ 호루라키 부는 소리 | 호루라기 부는 소리 |
| ❼ 자쿠 꿈에 나따나요. | 자꾸 꿈에 나타나요. |
| ❽ 자새도 바르게 해야지. | 자세도 바르게 해야지. |
| ❾ 오후애 비가 네려요. | 오후에 비가 내려요. |
| ❿ 아레로 내려가요. | 아래로 내려가요. |

## 1회 45쪽

| 틀린 것 찾기 | 바르게 고쳐 쓰기 |
|---|---|
| ❶ 비뉴로 새수하고 | 비누로 세수하고 |
| ❷ 유리도 께지고 | 유리도 깨지고 |
| ❸ 여기카지 오새요. | 여기까지 오세요. |
| ❹ 내모 과자가 두게 | 네모 과자가 두개 |
| ❺ 아빠는 너무 바파요. | 아빠는 너무 바빠요. |
| ❻ 가카쓰로 와 보니 | 가까스로 와 보니 |
| ❼ 코키리 타고 가요. | 코끼리 타고 가요. |
| ❽ 도와지에 그리고 오러 | 도화지에 그리고 오려 |
| ❾ 배게 배고 자라. | 베개 베고 자라. |
| ❿ 세차개 비가 내리더니 | 세차게 비가 내리더니 |

중간 평가 1회 ● 실제로 시험을 보는 자세로 임하게 지도해 주세요.
정확한 발음으로 한 번만 불러 주세요.

## 1회 46쪽

| | | | | | | | | | | |
|---|---|---|---|---|---|---|---|---|---|---|
| ❶ 피아노 치기 |
| ❷ 누구 바지니? |
| ❸ 나무 뿌리부터 |
| ❹ 개가 따라와요. |
| ❺ 고쳐서 써야지. |
| ❻ 고래와 코끼리 아저씨 |
| ❼ 기차가 빠르게 가다가 |
| ❽ 네가 자꾸 부르니까 |
| ❾ 토끼가 나무 아래에서 |
| ❿ 사과나무 세 그루 |
| ⓫ 어제부터 머리가 아파요. |
| ⓬ 오후까지 마쳐야 해. |
| ⓭ 오리가 저기 가네. |
| ⓮ 모래에 게와 조개가 |

## 1회 47쪽

| | | | | | | | | | | |
|---|---|---|---|---|---|---|---|---|---|---|
| ❶ 여우와 포도 |
| ❷ 서로 싸우지 마. |
| ❸ 누나가 와서 기쁘다. |
| ❹ 배가 너무 고파요. |
| ❺ 어머니께 효도하세요. |
| ❻ 이제 차에서 내려요. |
| ❼ 이제부터 스스로 해라. |
| ❽ 바다에 고래가 나타나다. |
| ❾ 호주머니가 너무 커요. |
| ❿ 아래로 내려와서 보니 |
| ⓫ 여우가 소리 내어 우네. |
| ⓬ 거미와 개미가 기어가네. |
| ⓭ 내가 키우는 토끼 |
| ⓮ 세모와 네모로 꾸며요. |

14

# 받침 'ㅇ, ㄹ, ㅁ'이 있는 음절을 써요

★이것을 가르쳐 주세요★

  이 단계에서는 쉬운 받침이 있는 글자를 받아쓰는 방법을 지도합니다.
'모든 자음 + 모음(ㅏ, ㅑ, ㅓ, ㅕ, ㅗ, ㅛ, ㅜ, ㅠ, ㅡ, ㅣ, ㅘ, ㅔ, ㅐ) + 받침(ㅇ, ㄹ, ㅁ)'으로 된 글자
를 정확하게 쓸 수 있도록 지도해 주세요.

- 받침 'ㅇ, ㅁ, ㄹ'을 넣은 글자 만들기
- 받침 'ㅇ, ㅁ, ㄹ'을 넣은 글자의 소리 구별하기

★학습 목표★

- **받침 'ㅇ, ㅁ, ㄹ'을 넣은 글자 만들기**

  받침을 붙여 글자를 만들고, 소리 내어 읽도록 합니다.
  **예** 가 + ㅇ = 강 / 가 + ㅁ = 감 / 가 + ㄹ = 갈

- **받침 'ㅇ, ㅁ, ㄹ'을 넣은 글자의 소리 구별하기**

  이 단계에서는 받침 'ㅇ'부터 가르칩니다. 'ㅇ'과 'ㅁ'은 발음하기 쉽고, 아이들이 그림처
럼 기억하고 있어서 다루기도 편합니다. 아이가 어려워하면 발음을 나눠서 불러 주세요.
'고', 'ㅁ'으로 따로 발음한 다음 '곰'으로 합쳐 불러 주면 됩니다.

★지도할 때 주의할 점★

  어떤 아이는 입의 구조가 발달하는 과정 중이어서 'ㄹ'을 자연스럽게 발음하지 못하기도
합니다. 이런 아이에게는 정확한 발음과 글자를 기억하도록 하되, 정확히 발음하는 것은
서두르지 말고 시간을 갖고 기다려 주셔야 합니다. 시간이 지나면 자연스럽게 발음할 수
있기 때문입니다.

### 1회 50쪽

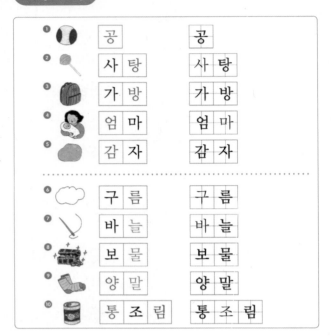

❶ 공 | 공
❷ 사탕 | 사탕
❸ 가방 | 가방
❹ 엄마 | 엄마
❺ 감자 | 감자

❻ 구름 | 구름
❼ 바늘 | 바늘
❽ 보물 | 보물
❾ 양말 | 양말
❿ 통조림 | 통조림

### 2회 51쪽

❶ 불을 끌 수 있는 것은 어느 것인가요?
　①물　②문　　　　물

❷ 실과 같이 옷을 꿰맬 때 쓰는 것은 무엇인가요?
　① 바눌　②⃝바늘　③ 바는　　바늘

❸ '어머니'를 다르게 부르는 말은 무엇인가요?
　①⃝엄마　② 언마　③ 엄아　　엄마

❹ 기침을 하고 콧물이 흐르는 병은 무엇인가요?
　① 강기　② 간기　③⃝감기　　감기

❺ 우리가 일어나서 학교에 가는 때는 하루 중 언제인가요?
　① 아친　②⃝아침　　　아침

❻ 발을 보호해 주는 것으로, 신발 신기 전에 신는 것은 무엇인가요?
　①⃝양말　② 얌말　③ 양만　　양말

❼ 부모님이나 어른께서 시키시는 일을 무엇이라고 하나요?
　① 신부름　② 심부튼　③⃝심부름　　심부름

❽ 해가 비치는 반대편에 생기는 것은 무엇인가요?
　①⃝그림자　② 그린자　③ 그링자　　그림자

❾ 콩에 물을 주어 기르면 무엇이 되나요?
　① 콤나물　② 콩나뭄　③⃝콩나물　　콩나물

❿ 아빠의 어머니를 무엇이라고 부르나요?
　① 한머니　②⃝할머니　　　할머니

## 낱말 받아쓰기 1, 2

진하게 쓴 글자의 발음에 유의하며 한 번만 불러 주세요.
단, 받아쓰기가 익숙하지 않아 잘 못 알아들었을 경우 한 번 더 불러 주세요.

### 3회 52쪽

❶ 공
❷ 사탕
❸ 가방
❹ 이름
❺ 감자
❻ 감기
❼ 여름
❽ 아침
❾ 바람
❿ 도움
⓫ 꿀
⓬ 미술
⓭ 겨울
⓮ 마을
⓯ 보물
⓰ 바늘
⓱ 얼굴
⓲ 풍경
⓳ 강물
⓴ 양말

### 4회 53쪽

❶ 내일
❷ 울다
❸ 걸다
❹ 살다
❺ 들다
❻ 눌러
❼ 지금
❽ 방금
❾ 숨기고
❿ 잠자기
⓫ 달리다
⓬ 놀아요
⓭ 열리네
⓮ 말하기
⓯ 고릴라
⓰ 골짜기
⓱ 방망이
⓲ 통조림
⓳ 심심해요
⓴ 미끄럼틀

## 어구와 문장 연습하기 1, 2 ● 아이 스스로 공부하도록 지도해 주세요.

### 5회 54쪽

❶ 가 을 과 겨 울
　 가 을 과 겨 울

❷ 누나의 그 림 자
　 누나의 그 림 자

❸ 부모 님 감 사해요.
　 부모 님 감 사해요.

❹ 어머니 말 씀
　 어머니 말 씀

❺ 감 기에 걸 리다.
　 감 기에 걸 리다.

❻ 고 양 이와 강 아지
　 고 양 이와 강 아지

❼ 종 에 그림 그리기
　 종 에 그림 그리기

❽ 열 매가 열 리고
　 열 매가 열 리고

❾ 고개 를 들 고
　 고개 를 들 고

❿ 아 침 에 참 새 소리가
　 아 침 에 참 새 소리가

### 6회 55쪽

| 틀린 것 찾기 | 바르게 고쳐 쓰기 |
|---|---|

❶ 도깨비 망 이 → 도깨비 방 망 이

❷ 굴 을 보고 말해요. → 얼 굴 을 보고 말해요.

❸ 부 로 말하지 마. → 함 부 로 말하지 마.

❹ 금 형님께서 오셨어요. → 방 금 형님께서 오셨어요.

❺ 조 림 뚜껑을 따요. → 통 조 림 뚜껑을 따요.

❻ 다 리 기 를 해요. → 줄 다 리 기 를 해요.

❼ 미 끄 들 에서 놀자. → 미 끄 럼 틀 에서 놀자.

❽ 교 에서 부 해. → 교 실 에서 공 부 해.

❾ 시 골 경 이 펼쳐져 → 시 골 풍 경 이 펼쳐져

❿ 여 마 가 오네. → 여 름 장 마 가 오네.

## 어구와 문장 받아쓰기 1, 2 ● 정확한 발음으로 한 번만 불러 주세요. 단, 받아쓰기가 익숙하지 않아 잘 못 알아들었을 경우 한 번 더 불러 주세요. 띄어쓰기 (∨) 부분은 짧게 띄어 읽어 주세요.

### 7회 56쪽

❶ 강 아 지 와 ∨ 고 양 이
❷ 감 자 와 ∨ 고 구 마
❸ 감 나 무 와 ∨ 배 나 무
❹ 가 을 ∨ 하 늘
❺ 실 과 ∨ 바 늘
❻ 소 풍 을 ∨ 가 서
❼ 꼬 마 가 ∨ 울 다 가
❽ 보 물 ∨ 숨 기 기
❾ 참 치 ∨ 통 조 림
❿ 바 람 ∨ 부 는 ∨ 날
⓫ 별 사 탕 이 ∨ 달 다 .
⓬ 그 림 일 기 를 ∨ 쓰 고

### 8회 57쪽

❶ 감 자 를 ∨ 꺼 내 라 .
❷ 잠 꾸 러 기 ∨ 토 끼
❸ 소 금 과 ∨ 설 탕
❹ 지 나 가 는 ∨ 사 람 들
❺ 뭉 게 구 름 ∨ 떠 ∨ 가 네 .
❻ 양 치 질 하 고 ∨ 자 요 .
❼ 엄 마 ∨ 얼 굴 ∨ 그 리 려 다
❽ 흘 러 가 는 ∨ 강 물
❾ 나 무 에 ∨ 열 매 가 ∨ 열 리 고
❿ 통 조 림 ∨ 뚜 껑 을 ∨ 열 고
⓫ 산 타 가 ∨ 썰 매 를 ∨ 타 고
⓬ 솜 사 탕 ∨ 장 수 ∨ 아 저 씨

17

# 받침 'ㄱ, ㄴ, ㅂ'이 있는 음절을 써요

## ★이것을 가르쳐 주세요★

이 단계에서는 받침이 있는 글자를 받아쓰는 방법을 지도합니다.
'모든 자음 + 모음(ㅏ, ㅑ, ㅓ, ㅕ, ㅗ, ㅛ, ㅜ, ㅠ, ㅡ, ㅣ, ㅘ, ㅔ, ㅐ) + 받침(ㄱ, ㄴ, ㅂ)'으로 된 낱말을 정확하게 쓸 수 있도록 지도해 주세요.

- **받침 'ㄱ, ㄴ, ㅂ'을 넣어서 글자 만들기**
- **받침 'ㄱ, ㄴ, ㅂ'을 넣은 글자의 소리 구별하기**

## ★학습 목표★

- **받침 'ㄱ, ㄴ, ㅂ'을 넣어서 글자 만들기**

  받침을 붙여 가면서 글자를 만들고, 읽도록 합니다.
  **예** 바 + ㄱ = 박 / 바 + ㄴ = 반 / 바 + ㅂ = 밥

- **받침 'ㄱ, ㄴ, ㅂ'을 넣은 글자의 소리 구별하기**

  받침 'ㄱ, ㄴ, ㅂ'은 대개 낱말의 끝에 있습니다. (**예** : 방학, 사진, 지갑) 만약 다른 낱말을 연결하면 '방학이[방하기]'로 소리 나므로 소리와 글자가 일치하지 않아서 아이들이 어려워합니다. 따라서 이 단계에서는 낱말의 끝에 위치하는 받침 'ㄱ, ㄴ, ㅂ'만 다룹니다.

## ★지도할 때 주의할 점★

받침 'ㄱ, ㄴ, ㅂ'은 발음과 모양이 쉽지 않습니다. 이 받침이 들어가는 낱말에 다른 낱말이 붙으면 소리가 변합니다. 이 단계에서는 발음이 달라지는 것을 배우지 않기 때문에 글자를 하나씩 끊어서 읽어 주세요. '가족 사진'은 [가족싸진]이 아니라 [가∨족∨사∨진]으로 띄어서 불러 주어야 합니다. 발음과 표기가 달라지는 경우는 2권에서 배웁니다.

## 낱말 연습하기 1, 2

아이 스스로 공부하도록 지도해 주세요.
진하게 쓴 글자를 바르게 쓰는지 확인해 주세요.

### 1회 60쪽

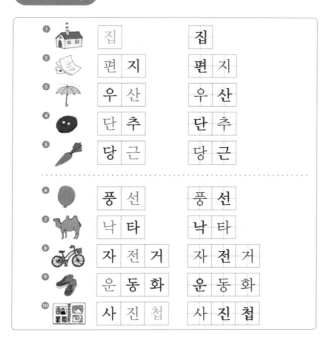

### 2회 61쪽

① 숨을 쉬거나 음식을 먹을 때 쓰는 신체 기관은 무엇인가요?
　①입　②임　③인　→ 입

② 여름과 겨울에 학교를 가지 않는 기간을 무엇이라고 하나요?
　①방학　②밤학　③밥학　→ 방학

③ 모래로 덮인 곳으로 선인장과 낙타가 있는 곳은 어디인가요?
　①사밥　②사막　③사만　→ 사막

④ 비가 올 때 쓰는 도구는 무엇인가요?
　①우삼　②우산　③우삽　→ 우산

⑤ 만나거나 헤어질 때 하는 인사는 무엇인가요?
　①암녕　②앙녕　③안녕　→ 안녕

⑥ 세수를 하고 나서 손을 닦는 도구는 무엇인가요?
　①수건　②수검　→ 수건

⑦ 바람을 넣어서 둥그랗게 부풀린 고무로 된 물체는 무엇인가요?
　①품선　②풍선　③풍섬　→ 풍선

⑧ 친구에게 좋은 점을 말해 주는 것을 무엇이라고 하나요?
　①칭찬　②침찬　③친찬　→ 칭찬

⑨ 아버지의 남동생을 부르는 말은 무엇인가요?
　①삼촌　②산촌　③삼촘　→ 삼촌

⑩ 찍은 사진을 모아 두는 책을 무엇이라고 하나요?
　①사진척　②사진첨　③사진첩　→ 사진첩

## 낱말 받아쓰기 1, 2

진하게 쓴 글자의 발음에 유의하며 한 번만 불러 주세요.
단, 받아쓰기가 익숙하지 않아 잘 못 알아들었을 경우 한 번 더 불러 주세요.

### 3회 62쪽

① 돈
② 우산
③ 친구
④ 편지
⑤ 연필
⑥ 풍선
⑦ 안경
⑧ 당근
⑨ 수박
⑩ 수학
⑪ 과학
⑫ 사막
⑬ 낙타
⑭ 체육
⑮ 입
⑯ 집
⑰ 김밥
⑱ 지갑
⑲ 모습
⑳ 배꼽

### 4회 63쪽

① 먼저
② 다른
③ 푸른
④ 손님
⑤ 삼촌
⑥ 얼른
⑦ 감는
⑧ 일찍
⑨ 깜짝
⑩ 마지막
⑪ 자르는
⑫ 떠드는
⑬ 신호등
⑭ 운동화
⑮ 즐거운
⑯ 사진첩
⑰ 오른쪽
⑱ 문제집
⑲ 호들갑
⑳ 그만두다

# 어구와 문장 연습하기 1, 2  ● 아이 스스로 공부하도록 지도해 주세요.

## 5회 64쪽

❶ 노 란 우 산
　　노 란 우 산

❷ 가 족 사 진
　　가 족 사 진

❸ 빨 간 풍 선
　　빨 간 풍 선

❹ 김 밥 싸 는 날
　　김 밥 싸 는 날

❺ 사 막 에 낙 타 가
　　사 막 에 낙 타 가

❻ 달고 차가 운 수 박
　　달고 차가 운 수 박

❼ 새로 산 운 동화
　　새로 산 운 동화

❽ 지 갑 에 든 돈
　　지 갑 에 든 돈

❾ 왼쪽 오 른 쪽 살피고
　　왼쪽 오 른 쪽 살피고

❿ 단 추 아 홉 개
　　단 추 아 홉 개

## 6회 65쪽

| 틀린 것 찾기 | 바르게 고쳐 쓰기 |
|---|---|

❶ 서로 칭찬 해 주자.　　서로 칭 찬 해 주자.

❷ 호 들 갑 떨지 마라.　　호 들 갑 떨지 마라.

❸ 큰 파 란 대 문　　큰 파 란 대 문

❹ 즐 거 운 우리 집　　즐 거 운 우리 집

❺ 떨어 진 단 추 달기　　떨어 진 단 추 달기

❻ 머리 감 는 동 안　　머리 감 는 동 안

❼ 연 필로 쓴 편 지　　연 필로 쓴 편 지

❽ 과학 수 업 시 간　　과학 수 업 시 간

❾ 삼 촌 은 사 진 사　　삼 촌 은 사 진 사

❿ 화 분 들고 온 손 님　　화 분 들고 온 손 님

# 어구와 문장 받아쓰기 1, 2  ● 정확한 발음으로 한 번만 불러 주세요. 단, 받아쓰기가 익숙하지 않아 잘 못 알아들었을 경우 한 번 더 불러 주세요. 띄어쓰기 (∨) 부분은 짧게 띄어 읽어 주세요.

## 7회 66쪽

❶ 여 름 방 학
❷ 운 동 선 수
❸ 너 는 ∨ 대 단 해 .
❹ 떠 드 는 ∨ 사 람
❺ 자 전 거 ∨ 묘 기
❻ 소 중 한 ∨ 친 구 들
❼ 바 른 ∨ 자 세 로
❽ 체 육 ∨ 시 간
❾ 골 목 ∨ 사 이 에
❿ 깜 짝 ∨ 놀 라 서
⓫ 신 호 등 을 ∨ 건 너 서
⓬ 어 머 니 께 ∨ 쓴 ∨ 편 지

## 8회 67쪽

❶ 필 통 과 ∨ 연 필
❷ 단 추 를 ∨ 달 고
❸ 미 술 과 ∨ 수 학
❹ 눈 ∨ 오 는 ∨ 날
❺ 손 님 ∨ 오 시 는 ∨ 날
❻ 소 금 과 ∨ 간 장 은 ∨ 짜 요 .
❼ 아 버 지 께 ∨ 드 린 ∨ 선 물
❽ 사 랑 하 는 ∨ 우 리 ∨ 가 족
❾ 큰 ∨ 건 물 ∨ 사 이 로
❿ 그 만 하 고 ∨ 가 야 지 .
⓫ 엄 마 가 ∨ 싸 ∨ 주 신 ∨ 김 밥
⓬ 노 란 ∨ 우 산 ∨ 쓴 ∨ 아 이

### 1회 68쪽

**틀린 것 찾기**

❶ 에벌래 가 꿈틀거려요.

❷ 콤나물 요리를 하고서

❸ 뭉제집 푸는 시간

❹ 파란 하늘 뭄게구른

❺ 밤망이 를 두드리면

❻ 반금 미끄런틀 타다가

❼ 봄 품경 이 별쳐진 그림

❽ 지금카찌 숨긴 비밀

❾ 우선 다른 년필 로 써 봐.

❿ 칭구 가 깜작 놀라서

**바르게 고쳐 쓰기**

❶ 애벌레 가 꿈틀거려요.

❷ 콩나물 요리를 하고서

❸ 문제집 푸는 시간

❹ 파란 하늘 뭉게구름

❺ 방망이 를 두드리면

❻ 방금 미끄럼틀 타다가

❼ 봄 풍경 이 펼처진 그림

❽ 지금까지 숨긴 비밀

❾ 우선 다른 연필 로 써 봐.

❿ 친구 가 깜짝 놀라서

### 1회 69쪽

❶ 동그란 얼굴

❷ 연필과 지우개

❸ 호두까기인형

❹ 수학 수업 시작

❺ 운동하는 선수들

❻ 청소하는 시간

❼ 하루 종일 자네.

❽ 혼자 운동장에서

❾ 나는 가방을 메고

❿ 할머니 안녕하세요?

⓫ 아름다운 밤하늘

⓬ 바람 타고 하늘까지 올라

### 1회 70쪽

❶ 금도끼 은도끼

❷ 느림보 코끼리

❸ 뿌리에서 줄기까지

❹ 엄마가 싼 김밥

❺ 도끼로 나무를 베다.

❻ 사과를 한 상자씩 주네.

❼ 화를 내서 미안해.

❽ 아빠는 언제 오시니?

❾ 아침 일찍 체조를 해요.

❿ 노란 개나리가 핀 길

⓫ 친구가 내일 이사를 간다.

⓬ 개구리 소리가 크게 들리네.

### 1회 71쪽

❶ 숨겨진 보물

❷ 얼른 말해 봐.

❸ 공을 차는 모습

❹ 바람 따라 강물 따라

❺ 휴지는 쓰레기통에

❻ 혼자서 공부해요.

❼ 구름과 비는 친구야.

❽ 엄마는 정말 기쁘단다.

❾ 우리 모두 가슴을 펴고

❿ 시끄러운 소리가 들려요.

⓫ 이제 발표해 봐요.

⓬ 강아지가 꼬리를 흔든다.

21

1회 72쪽

| | | | | | | | | | | |
|---|---|---|---|---|---|---|---|---|---|---|
| ❶ | 신호등과 | | 건널목 | | | | | | | |
| ❷ | 벌써 | 네 | 시야. | | | | | | | |
| ❸ | 공을 | 아래로 | 던져서 | | | | | | | |
| ❹ | 감자로 | 만든 | 요리 | | | | | | | |
| ❺ | 소화기로 | 불 | 끄기 | | | | | | | |
| ❻ | 밤새 | 비가 | 와서 | | | | | | | |
| ❼ | 떠드는 | 소리가 | 들려요. | | | | | | | |
| ❽ | 포도가 | 열리는 | 여름 | | | | | | | |
| ❾ | 오늘 | 가게에서 | 산 | 통조림 | | | | | | |
| ❿ | 재빠르게 | 다가와서 | 하는 | 말 | | | | | | |
| ⓫ | 바늘 | 가는 | 데 | 실도 | 간다. | | | | | |
| ⓬ | 내일 | 가져갈 | 준비물 | | | | | | | |

## ★이것을 배웠어요★

1~5단계에서는 소리 나는 대로 쓸 수 있는 글자 중에서 '받침이 없는 글자'와 '쉬운 받침이 있는 글자'를 공부하였습니다.

| | | |
|---|---|---|
| 받침이 없는 글자 | 1단계 | 쉬운 모음 구별하기 |
| | 2단계 | 거세게 내는 자음과 힘들게 내는 자음 학습하기 |
| | 3단계 | 헷갈리기 쉬운 모음 정확하게 구별하기 |
| 쉬운 받침이 있는 글자 | 4단계 | 쉬운 받침 'ㅇ, ㅁ, ㄹ'을 넣은 낱말 학습하기 |
| | 5단계 | 쉬운 받침 'ㄱ, ㄴ, ㅂ'을 넣은 낱말 학습하기 |

## ★이것만은 다시 확인해요★

다음 세 가지를 아이가 정확하게 알고 있는지 주의 깊게 살펴보세요.

① 'ㅐ'와 'ㅔ' 발음을 정확하게 구별하나요?

② 거세게 소리 내는 자음(ㅊ, ㅋ, ㅌ, ㅍ, ㅎ)과 힘들게 소리 내는 자음(ㄲ, ㄸ, ㅃ, ㅆ, ㅉ)의 차이를 알고 있나요?

③ 한글의 글자 만드는 법을 알고 있나요?

　　예 가 + ㅇ = 강 / 가 + ㅁ = 감 / 가 + ㄹ = 갈

# 모음 'ᅯ, ᅱ'를 구별해요

## ★이것을 가르쳐 주세요★

이 단계에서는 받침이 없는 글자 중 '모든 자음 + 모음 (ᅯ, ㅓ, ᅱ, ㅣ)'으로 구성된 낱말을 받아쓰는 방법을 지도합니다.

- 모음 'ᅯ'와 'ㅓ'를 구별하기
- 모음 'ᅱ'와 'ㅣ'를 구별하기

## ★학습 목표★

### • 모음 'ᅯ'와 'ㅓ'를 구별하기

'ᅯ'는 'ㅜ'를 발음하는 입 모양에서 'ㅓ'를 발음하는 입 모양으로 끝내면서 빠르게 발음하여 'ㅓ' 발음과 구별해 주어야 합니다. 이 두 모음의 발음을 구별하여 불러 주지 않으면 'ᅯ'를 'ㅓ'로 잘못 쓸 수 있습니다.

### • 모음 'ᅱ'와 'ㅣ'를 구별하기

'ᅱ'는 입술을 둥글게 하면서 동시에 [ㅣ]를 발음하는 것으로 'ㅣ' 발음과 구별해 주어야 합니다. 'ᅱ'는 'ㅜ'를 발음하는 입 모양에서 'ㅣ'를 발음하는 입 모양으로 끝내면서 빠르게 발음할 수도 있습니다.

## ★지도할 때 주의할 점★

받아쓰기를 시작하기 전에 먼저 발음을 많이 연습할 수 있도록 도와주십시오. 다음에 제시된 낱말을 천천히 여러 번 반복하여 연습하게 하면 발음을 이해하는 데 도움이 될 것입니다.

---

어두워 / 고마워 / 더러워 / 가벼워 / 무거워

귀 / 더위 / 바위 / 가위 / 거위 / 추위 / 키위

---

## 낱말 연습하기 1, 2

아이 스스로 공부하도록 지도해 주세요.
진하게 쓴 글자를 바르게 쓰는지 확인해 주세요.

### 1회 76쪽

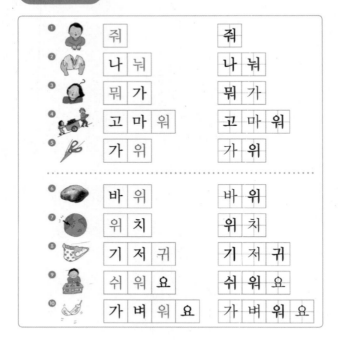

① 쥐 · 쥐
② 나뉘 · 나뉘
③ 뭐가 · 뭐가
④ 고마워 · 고마워
⑤ 가위 · 가위

⑥ 바위 · 바위
⑦ 위치 · 위치
⑧ 기저귀 · 기저귀
⑨ 쉬워요 · 쉬워요
⑩ 가벼워요 · 가벼워요

### 2회 77쪽

① 저녁에 잠을 잘 때에는 어떤 자세로 자나요?
① 누어　②누워 ── 누워

② 남의 물건을 나도 갖고 싶은 마음을 어떻게 말하나요?
①부러워　② 부러어 ── 부러워

③ '무엇하니'를 줄여 쓴 말은 무엇인가요?
①뭐하니　② 머하니 ── 뭐하니

④ 자동차를 굴러가게 하는 것은 어느 것인가요?
①바퀴　② 바키　③ 박끼 ── 바퀴

⑤ '달리기'의 비슷한 말을 무엇이라고 하나요?
①뛰기　② 띠기　③ 뜨기 ── 뛰기

⑥ 원래 것이 다른 것으로 채워지는 것은 무엇인가요?
① 바끄다　②바꿔다　③ 박끄다 ── 바꿔다

⑦ 피곤할 때 하는 행동은 무엇인가요?
① 시다　②쉬다 ── 쉬다

⑧ 일정한 곳에 자리를 차지하는 것을 무엇이라고 하나요?
① 이치　②위치 ── 위치

⑨ 시끄러운 소리가 안 들리게 귀를 막는 물건은 무엇인가요?
① 기마개　②귀마개 ── 귀마개

⑩ 어른들은 아기를 보고 어떤 말을 하나요?
①귀여워요　② 기여워요　③ 귀여어요 ── 귀여워요

## 낱말 받아쓰기 1, 2

진하게 쓴 글자의 발음에 유의하며 한 번만 불러 주세요.
단, 받아쓰기가 익숙하지 않아 잘 못 알아들었을 경우 한 번 더 불러 주세요.

### 3회 78쪽

① 뭐
② 쥐
③ 귀
④ 뒤
⑤ 위
⑥ 가위
⑦ 키위
⑧ 거위
⑨ 주위
⑩ 바퀴

⑪ 바위
⑫ 더위
⑬ 추위
⑭ 나귀
⑮ 마귀
⑯ 사위
⑰ 뛰기
⑱ 다람쥐
⑲ 주사위
⑳ 까마귀

### 4회 79쪽

① 나뉘
② 누워
③ 더워
④ 미워
⑤ 더러워
⑥ 외로워
⑦ 고마워
⑧ 가벼워
⑨ 그리워
⑩ 부러워

⑪ 어두워
⑫ 부끄러워
⑬ 쉬다
⑭ 쥐다
⑮ 위하다
⑯ 바뀌다
⑰ 위대하다
⑱ 위로하다
⑲ 뉘우치다
⑳ 귀여워요

## 5회 80쪽

❶ 바 위 뒤 에
바 위 뒤 에

❷ 더 위 와 싸 워 요.
더 위 와 싸 워 요.

❸ 사 마 귀 가 무 서 워 요.
사 마 귀 가 무 서 워 요.

❹ 거 위 가 더 러 워 요.
거 위 가 더 러 워 요.

❺ 가 위 를 나 눠 주고
가 위 를 나 눠 주고

❻ 귀 마개는 더 워 요.
귀 마개는 더 워 요.

❼ 뭐 가 위 대하니?
뭐 가 위 대하니?

❽ 기저 귀 는 부끄러 워.
기저 귀 는 부끄러 워.

❾ 주사 위 거기에 둬 라.
주사 위 거기에 둬 라.

❿ 다람 쥐 가 귀 여 워 요.
다람 쥐 가 귀 여 워 요.

## 6회 81쪽

| 틀린 것 찾기 | 바르게 고쳐 쓰기 |
|---|---|

❶ 너무 어 두 ✗. | 너무 어 두 워.

❷ 너는 ✗ 가 더 ✗? | 너는 뭐 가 더 워?

❸ 문제가 ✗ ✗ 요. | 문제가 쉬 워 요.

❹ 과자 나 ✗ 주기 | 과자 나 눠 주기

❺ ✗ 우 치 는 아이 | 뉘 우 치 는 아이

❻ 기차 바 ✗ 를 오리세요. | 기차 바 퀴 를 오리세요.

❼ 자리가 바 ✗ 고 나서 | 자리가 바 뀌 고 나서

❽ 누나에게 ✗ 어 가요. | 누나에게 뛰 어 가요.

❾ 새가 지 저 ✗ 고 있어. | 새가 지 저 귀 고 있어.

❿ 저 당 나 ✗ 를 보세요. | 저 당 나 귀 를 보세요.

## 7회 82쪽

❶ 더 위 와 ∨ 추 위
❷ 누 워 서 ∨ 뭐 하 니?
❸ 위 치 가 ∨ 바 뀌 다.
❹ 바 위 ∨ 뒤 에 ∨ 거 위
❺ 까 마 귀 와 ∨ 당 나 귀
❻ 너 ∨ 보 기 가 ∨ 부 끄 러 워
❼ 지 우 개 ∨ 바 꿔 ∨ 주 세 요.
❽ 귀 에 는 ∨ 귀 마 개 ∨ 하 고
❾ 가 위 로 ∨ 세 모 ∨ 오 리 세 요.
❿ 너 무 ∨ 어 두 워 서 ∨ 무 서 워.
⓫ 우 리 ∨ 아 기 ∨ 위 하 여 ∨ 쉬 자.
⓬ 다 람 쥐 가 ∨ 나 무 에 서 ∨ 쉬 어 요.

## 8회 83쪽

❶ 서 로 ∨ 사 귀 다.
❷ 네 가 ∨ 부 러 워.
❸ 뉘 우 치 는 ∨ 나 귀
❹ 마 귀 가 ∨ 미 워 요.
❺ 무 더 위 에 ∨ 쉬 어 라.
❻ 누 나 가 ∨ 그 리 워 요.
❼ 지 저 귀 는 ∨ 새 ∨ 소 리
❽ 어 서 ∨ 뒤 로 ∨ 뛰 어 라.
❾ 아 기 가 ∨ 기 저 귀 ∨ 차 고
❿ 바 퀴 ∨ 위 치 가 ∨ 바 뀌 다.
⓫ 귀 뚜 라 미 가 ∨ 뛰 어 나 와
⓬ 사 마 귀 가 ∨ 너 무 ∨ 가 벼 워 서

# 모음 'ㅒ, ㅖ, ㅢ'를 구별해요

## ★이것을 가르쳐 주세요★

이 단계에서는 받침이 없는 글자 중 '모든 자음 + 모음(ㅒ, ㅖ, ㅢ)'으로 구성된 낱말을 바르게 받아쓰는 방법을 지도합니다.

- 모음 'ㅒ'와 'ㅐ' 구별하기
- 모음 'ㅖ'와 'ㅔ' 구별하기
- 모음 'ㅢ'와 'ㅣ, ㅔ' 구별하기

## ★학습 목표★

모음 'ㅒ, ㅖ, ㅢ'는 어떻게 발음하는 것이 옳은가요?

| ㅒ | [ㅒ]로 발음하는 것이 원칙입니다. <br> 예 얘야 → [얘야] |
| --- | --- |
| ㅖ | [ㅖ]로 발음하는 것이 원칙이나 [ㅔ]로 발음할 수도 있습니다. <br> 예 혜택 → [혜택], [혜택] |
| ㅢ | [ㅢ]로 발음하는 것이 원칙이나 [ㅣ], [ㅔ]로 발음할 수도 있습니다. <br> 예 무늬 → [무늬], [무니] 예 우리의 → [우리의], [우리에] |

## ★지도할 때 주의할 점★

이 단계에서 제시된 모음은 표준 발음이 여러 가지이기 때문에 받아쓰기를 할 때 특별히 주의가 필요합니다.

기본적으로 낱말은 원칙에 해당하는 발음을 정확하게 사용해야 합니다. 그러나 이때 부자연스러운 발음은 허용 발음으로 대체하여 사용하는 것이 필요합니다.

## 낱말 연습하기 1, 2

아이 스스로 공부하도록 지도해 주세요.
진하게 쓴 글자를 바르게 쓰는지 확인해 주세요.

1회 86쪽

① 지혜 / 지혜
② 차례 / 차례
③ 예쁘다 / 예쁘다
④ 얘기 / 얘기
⑤ 얘야 / 얘야

⑥ 얘들아 / 얘들아
⑦ 의사 / 의사
⑧ 무늬 / 무늬
⑨ 희다 / 희다
⑩ 예의 / 예의

2회 87쪽

① 봄, 여름, 가을, 겨울은 무엇을 구분한 것인가요?
①계절 ② 게절 → 계절
② '있다'의 높임말은 무엇인가요?
①계시다 ② 게시다 → 계시다
③ 정해진 때가 되기 전에 미리 사는 것을 무엇이라고 하나요?
① 예매 ②에매 → 예매
④ '그 아이'를 줄여 쓴 말은 어느 것인가요?
① 걔 ②개 → 걔
⑤ '저 아이'를 줄여 쓴 말은 어느 것인가요?
① 제 ②쟤 → 쟤
⑥ 남에게 끼치는 괴로움을 의미하는 말은 무엇인가요?
①폐 ② 페 → 폐
⑦ 어떠한 일을 이루고자 하는 마음을 무엇이라고 하나요?
① 이지 ②의지 → 의지
⑧ 마음에 새겨 두고 조심하는 것을 무엇이라고 하나요?
① 주이 ②주의 → 주의
⑨ 글을 쓸 때, 각 낱말을 띄어 쓰는 것을 무엇이라고 하나요?
① 띠어쓰기 ②띄어쓰기 → 띄어 쓰기
⑩ '분명하지 못하다.'는 뜻을 가진 낱말은 무엇인가요?
① 히미하다 ②희미하다 → 희미하다

## 낱말 받아쓰기 1, 2

진하게 쓴 글자의 발음에 유의하며 한 번만 불러 주세요.
단, 받아쓰기가 익숙하지 않아 잘 못 알아들었을 경우 한 번 더 불러 주세요.

3회 88쪽

① 시계
② 지혜
③ 계절
④ 차례
⑤ 예시
⑥ 계산
⑦ 계모
⑧ 예매
⑨ 폐
⑩ 얘

⑪ 걔
⑫ 쟤
⑬ 얘기
⑭ 의사
⑮ 의자
⑯ 주의
⑰ 무늬
⑱ 의지
⑲ 의리
⑳ 희망

4회 89쪽

① 예쁘다
② 계시다
③ 예민하다
④ 계산하고
⑤ 예매하다
⑥ 지혜로운
⑦ 예언하다
⑧ 계속하여
⑨ 누나예요
⑩ 예로부터

⑪ 얘다
⑫ 걔구나
⑬ 쟤더러
⑭ 얘기하다
⑮ 희다
⑯ 띄어
⑰ 씌우다
⑱ 희망차다
⑲ 의미하다
⑳ 예의

## 5회 90쪽

① 차례차례
  차례차례

② 나의 의리
  나의 의리

③ 애는 누구니?
  애는 누구니?

④ 예의 바르게
  예의 바르게

⑤ 의지와 지혜
  의지와 지혜

⑥ 재하고 개하고
  재하고 개하고

⑦ 무늬가 희미하다.
  무늬가 희미하다.

⑧ 저희끼리 얘기하고
  저희끼리 얘기하고

⑨ 예로부터 계시다.
  예로부터 계시다.

⑩ 나의 의무예요.
  나의 의무예요.

## 6회 91쪽

| 틀린 것 찾기 | 바르게 고쳐 쓰기 |
|---|---|
| ① 모자 ✗우고 | 모자 씌우고 |
| ② 주✗하며 보세요. | 주의하며 보세요. |
| ③ 누나가 ✗쁘네. | 누나가 예쁘네. |
| ④ 나는 개미✗요. | 나는 개미예요. |
| ⑤ ✗끗✗끗한 머리 | 희끗희끗한 머리 |
| ⑥ 글자를 ✗어 쓰세요. | 글자를 띄어 쓰세요. |
| ⑦ 기차표 ✗매하기 | 기차표 예매하기 |
| ⑧ 나무에게 ✗기해요. | 나무에게 얘기해요. |
| ⑨ 우리✗시✗야. | 우리의 시계야. |
| ⑩ ✗야 예✗를 지켜라. | 애야 예의를 지켜라. |

## 7회 92쪽

① 여우의∨지혜
② 우유가∨희다.
③ 위를∨틔우고
④ 걔가∨누구더라?
⑤ 우리∨누나예요.
⑥ 애야∨어디∨가니?
⑦ 아버지를∨여의고
⑧ 띄엄띄엄∨띄어쓰기
⑨ 우리∨차례∨지켜요.
⑩ 까치∨배예요.
⑪ 어머니께∨예의∨바르게
⑫ 이리로∨의자∨가져∨오너라.

## 8회 93쪽

① 우리의∨의리
② 계모와∨계부
③ 얘야∨걔∨아니?
④ 주의하며∨보세요.
⑤ 이모에게∨의지하여
⑥ 예로부터∨내려오는
⑦ 시계∨보고∨예매하기
⑧ 띄어쓰기∨주의하세요.
⑨ 의사∨아저씨∨계시네.
⑩ 어머니∨잔디가∨예뻐요.
⑪ 아버지∨재∨좀∨보세요.
⑫ 아기에게∨모자∨씌워∨줘라.

# 모음 'ㅚ, ㅙ, ㅞ'를 구별해요

★이것을 가르쳐 주세요★

이 단계에서는 받침이 없는 글자 중 '모든 자음 + 모음(ㅚ, ㅙ, ㅞ)'으로 구성된 낱말을 바르게 받아쓰는 방법을 지도합니다.

• 모음 'ㅚ'와 'ㅙ'와 'ㅞ'를 구별하기


★학습 목표★

• 모음 'ㅚ'와 'ㅙ'와 'ㅞ'를 구별하기

| | |
|---|---|
| ㅚ | [ㅗ]를 발음하는 입 모양을 그대로 유지하면서 [ㅚ]를 발음해요. |
| ㅙ | [ㅗ]에서 [ㅐ] 소리로 재빨리 옮겨서 발음해요. |
| ㅞ | [ㅗ]에서 [ㅔ] 소리로 재빨리 옮겨서 발음해요. |

이 세 모음은 정확하게 구별하여 발음하기가 어렵습니다. 따라서 교사나 학부모는 최대한 기본 발음에 충실하게 낱말을 불러 주면서 아이들이 적절한 모음을 연결하여 기억할 수 있도록 반복해 주어야 합니다.


★지도할 때 주의할 점★

'ㅚ', 'ㅙ', 'ㅞ'는 발음을 통해서 구별하기 힘들기 때문에 해당 모음이 들어간 낱말을 반복하여 익히고 외우는 것이 가장 쉬운 방법이 될 수 있습니다. 각 모음의 발음에 충실하게 발음하면서 낱말의 표기를 익혀 갈 수 있도록 함께 반복해 주십시오.

그리고 아이가 해당하는 모음의 받아쓰기를 틀렸을 때에는 단순하게 틀린 것을 반복하여 쓰도록 지도하기 이전에, 어느 모음이 잘못되었는지 점검하고 바르게 고칠 수 있도록 기회를 주어야 합니다.

# 낱말 연습하기 1, 2 ●

아이 스스로 공부하도록 지도해 주세요.
진하게 쓴 글자를 바르게 쓰는지 확인해 주세요.

## 1회 96쪽

① 회 사　회 사
② 퇴 비　퇴 비
③ 꾀 꼬 리　꾀 꼬 리
④ 쇠 고 기　쇠 고 기
⑤ 돼 지　돼 지

⑥ 왜 가 리　왜 가 리
⑦ 궤 도　궤 도
⑧ 웨 이 터　웨 이 터
⑨ 스 웨 터　스 웨 터
⑩ 꿰 매 다　꿰 매 다

## 2회 97쪽

① 일을 잘 꾸며 내거나 해결하는 생각은 무엇인가요?
　① 꿰　② 패　③ 꾀　　　꾀
② 잘못을 깨치고 뉘우치는 것을 뜻하는 말은 무엇인가요?
　① 후회　② 후웨　③ 후해　　　후 회
③ 외할아버지와 외할머니가 사는 집은 무엇인가요?
　① 왜가　② 외가　　　외 가
④ 때릴 때에 쓰는 가는 나뭇가지를 무엇이라고 하나요?
　① 회초리　② 훼초리　③ 웨초리　　　회 초 리
⑤ '오른쪽'의 반대되는 말은 무엇인가요?
　① 왼쪽　② 왼쪽　　　왼 쪽
⑥ 작고 초라하다는 뜻을 가진 낱말은 어느 것인가요?
　① 왜소　② 외소　　　왜 소
⑦ '왜 그러냐 하면'을 줄여 쓴 말은 무엇인가요?
　① 외나하면　② 왜냐하면　　　왜 냐 하 면
⑧ 느낌이 시원하고 산뜻한 것을 무엇이라고 하나요?
　① 상쾌하다　② 상쾌하다　　　상 쾌 하 다
⑨ '꿀꿀' 소리를 내는 동물은 무엇인가요?
　① 돼지　② 되지　　　돼 지
⑩ 호텔에서 손님의 시중을 드는 남자 직원은 누구인가요?
　① 왜이터　② 웨이터　　　웨 이 터

# 낱말 받아쓰기 1, 2 ●

진하게 쓴 글자의 발음에 유의하며 한 번만 불러 주세요.
단, 받아쓰기가 익숙하지 않아 잘 못 알아들었을 경우 한 번 더 불러 주세요.

## 3회 98쪽

① 죄
② 꾀
③ 회 사
④ 후 회
⑤ 외 가
⑥ 최 고
⑦ 교 회
⑧ 괴 물
⑨ 쇠 고 기
⑩ 구 두 쇠
⑪ 회 초 리
⑫ 꾀 꼬 리
⑬ 외 래 어
⑭ 돼 지
⑮ 인 쇄
⑯ 왜 가 리
⑰ 궤 도
⑱ 훼 손
⑲ 스 웨 터
⑳ 웨 이 터

## 4회 99쪽

① 되 다
② 죄 다
③ 꾀 어
④ 뵈 어
⑤ 씌 다
⑥ 외 로 워
⑦ 괴 로 워
⑧ 외 치 다
⑨ 사 퇴 하 다
⑩ 쇠 하 다
⑪ 후 회 하 다
⑫ 오 래 되 어
⑬ 왜 냐 하 면
⑭ 상 쾌 하 다
⑮ 불 쾌 하 다
⑯ 인 쇄 하 다
⑰ 왜 소 하 다
⑱ 꿰 매 다
⑲ 훼 방 하 여
⑳ 훼 손 되 다

30

## 어구와 문장 연습하기 1, 2

아이 스스로 공부하도록 지도해 주세요.

### 5회 100쪽

❶ 스 웨 터가 예쁘네.
   스 웨 터가 예쁘네.

❷ 웨 이터가 되 다.
   웨 이터가 되 다.

❸ 괴 로워 외 로워.
   괴 로워 외 로워.

❹ 괴 물이 후 퇴 한다.
   괴 물이 후 퇴 한다.

❺ 너 왜 퇴 보하니?
   너 왜 퇴 보하니?

❻ 돼 지고기와 쇠 고기
   돼 지고기와 쇠 고기

❼ 회 드시고 후 회 하시네.
   회 드시고 후 회 하시네.

❽ 왜 가리가 왜 소하다.
   왜 가리가 왜 소하다.

❾ 우리 회 사가 최 고야.
   우리 회 사가 최 고야.

❿ 교 회 에서 꾀 부리다가
   교 회 에서 꾀 부리다가

### 6회 101쪽

| 틀린 것 찾기 | 바르게 고쳐 쓰기 |
|---|---|

❶ 기 훼 를 주세요.    기 회 를 주세요.

❷ 뇌 리 에 떠오르다.    뇌 리 에 떠오르다.

❸ 지구의 괴 도 위로    지구의 궤 도 위로

❹ 죄 를 아 뢰 다.    죄 를 아 뢰 다.

❺ 왜 래 어 의 예    외 래 어 의 예

❻ 자연을 훼 손 하 다.    자연을 훼 손 하 다.

❼ 돼 지 우 리 치워라.    돼 지 우 리 치워라.

❽ 너 이제 후 회 하 니 ?    너 이제 후 회 하 니 ?

❾ 회 초 리 를 가져오너라.    회 초 리 를 가져오너라.

❿ 화가가 되 어 야 지 .    화가가 되 어 야 지 .

## 어구와 문장 받아쓰기 1, 2

정확한 발음으로 한 번만 불러 주세요. 단, 받아쓰기가 익숙하지 않아 잘 못 알아들었을 경우 한 번 더 불러 주세요. 띄어쓰기 (∨) 부분은 짧게 띄어 읽어 주세요.

### 7회 102쪽

❶ 해 가 ∨ 내 리 쬐 다 .
❷ 바 지 를 ∨ 꿰 매 다 .
❸ 너 ∨ 왜 ∨ 그 러 니 ?
❹ 웨 이 터 가 ∨ 와 요 .
❺ 기 분 이 ∨ 상 쾌 해 요 .
❻ 돼 지 우 리 의 ∨ 돼 지
❼ 최 고 가 ∨ 되 어 야 지 .
❽ 쇠 고 기 ∨ 사 ∨ 오 너 라 .
❾ 외 국 어 ∨ 쓰 지 ∨ 마 세 요 .
❿ 괴 짜 가 ∨ 후 회 하 다 .
⓫ 꾀 꼬 리 와 ∨ 왜 가 리 ∨ 소 리
⓬ 외 나 무 ∨ 다 리 에 서 ∨ 외 쳐 요 .

### 8회 103쪽

❶ 상 쾌 한 ∨ 외 출
❷ 꾀 를 ∨ 부 리 다 .
❸ 외 양 간 에 ∨ 송 아 지
❹ 제 가 ∨ 돼 지 띠 예 요 .
❺ 괴 물 이 ∨ 굉 장 하 다 .
❻ 해 가 ∨ 내 리 쬐 다 .
❼ 자 연 이 ∨ 훼 손 되 다 .
❽ 너 ∨ 왜 ∨ 되 돌 아 오 니 ?
❾ 다 녀 와 서 ∨ 아 뢰 어 라 .
❿ 고 모 의 ∨ 회 사 와 ∨ 교 회
⓫ 내 가 ∨ 최 고 가 ∨ 될 ∨ 거 야 .
⓬ 저 에 게 ∨ 기 회 를 ∨ 주 세 요 .

31

# 중간 평가 2회

실제로 시험을 보는 자세로 임하게 지도해 주세요.
정확한 발음으로 한 번만 불러 주세요.

## 2회 104쪽

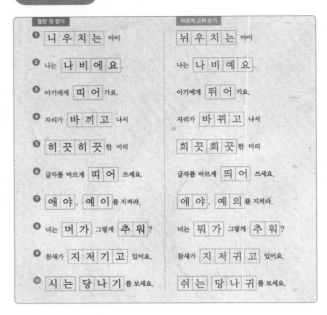

| 틀린 것 찾기 | 바르게 고쳐 쓰기 |
|---|---|
| ❶ 니 우 치 는 아이 | 뉘 우 치 는 아이 |
| ❷ 나는 나 비 에 요 . | 나는 나 비 예 요 . |
| ❸ 아기에게 띠 어 가요. | 아기에게 뛰 어 가요. |
| ❹ 자리가 바 끼 고 나서 | 자리가 바 뀌 고 나서 |
| ❺ 히 끗 히 끗 한 머리 | 희 끗 희 끗 한 머리 |
| ❻ 글자를 바르게 띠 어 쓰세요. | 글자를 바르게 띄 어 쓰세요. |
| ❼ 애 야 . 예 이 를 지켜라. | 애 야 . 예 의 를 지켜라. |
| ❽ 너는 머 가 그렇게 추 워 ? | 너는 뭐 가 그렇게 추 워 ? |
| ❾ 참새가 지 저 기 고 있어요. | 참새가 지 저 귀 고 있어요. |
| ❿ 시 는 당 나 기 를 보세요. | 쉬 는 당 나 귀 를 보세요. |

## 2회 105쪽

| 틀린 것 찾기 | 바르게 고쳐 쓰기 |
|---|---|
| ❶ 주 이 하며 보세요. | 주 의 하며 보세요. |
| ❷ 제 를 아 뢔 다 . | 죄 를 아 뢰 다 . |
| ❸ 모자 씨 우 고 | 모자 씌 우 고 |
| ❹ 내 리 를 스치다. | 뇌 리 를 스치다. |
| ❺ 왜 래 어 제대로 알고 쓰기 | 외 래 어 제대로 알고 쓰기 |
| ❻ 기차표 에 매 하 기 | 기차표 예 매 하 기 |
| ❼ 초 체 하 게 하고 나타났다. | 초 췌 하 게 하고 나타났다. |
| ❽ 달님이 나무에게 애 기 해 요 . | 달님이 나무에게 얘 기 해 요 . |
| ❾ 제 친구에게 기 해 를 주세요. | 제 친구에게 기 회 를 주세요. |
| ❿ 방에서 헤 초 리 가져오너라. | 방에서 회 초 리 가져오너라. |

# 중간 평가 2회

실제로 시험을 보는 자세로 임하게 지도해 주세요.
정확한 발음으로 한 번만 불러 주세요.

## 2회 106쪽

| | | | | | |
|---|---|---|---|---|---|
| ❶ 서로 | 사귀다. | | | | |
| ❷ 누워서 | 뭐하니? | | | | |
| ❸ 걔가 | 누구더라? | | | | |
| ❹ 무더위에 | 쉬어라. | | | | |
| ❺ 얘야 | 어디 | 가니? | | | |
| ❻ 지저귀는 | 새 | 소리 | | | |
| ❼ 띄엄띄엄 | 띄어쓰기 | | | | |
| ❽ 우리 | 차례 | 지켜요. | | | |
| ❾ 너 | 보기가 | 부끄러워. | | | |
| ❿ 지우개 | 바꿔 | 주세요. | | | |
| ⓫ 귀뚜라미가 | 튀어나와 | | | | |
| ⓬ 아기가 | 기저귀 | 차고 | | | |
| ⓭ 아기 | 배가 | 희어요. | | | |
| ⓮ 너무 | 어두워서 | 무서워. | | | |

## 2회 107쪽

| | | | | | |
|---|---|---|---|---|---|
| ❶ 기분이 | 상쾌해요. | | | | |
| ❷ 제가 | 돼지띠예요. | | | | |
| ❸ 의자 | 위를 | 보세요. | | | |
| ❹ 예로부터 | 내려오는 | | | | |
| ❺ 다녀와서 | 아뢰어라. | | | | |
| ❻ 쇠고기 | 사 | 오너라. | | | |
| ❼ 웬 | 모르는 | 사람이 | | | |
| ❽ 컴퓨터는 | 외래어 | | | | |
| ❾ 네가 | 최고가 | 되어라. | | | |
| ❿ 무늬가 | 아주 | 희미해요. | | | |
| ⓫ 아버지 | 재 | 좀 | 보세요. | | |
| ⓬ 저에게 | 기회를 | 주세요. | | | |
| ⓭ 꾀부리며 | 퇴비 | 주고 | | | |
| ⓮ 희끗희끗 | 머리가 | 세다. | | | |

# 받침과 어려운 모음이 있는 음절을 써요 1

★이것을 가르쳐 주세요★

이 단계에서는 '모든 자음 + 어려운 모음(ㅘ,ㅐ,ㅔ,ㅝ,ㅟ,ㅒ,ㅖ,ㅢ,ㅚ,ㅙ,ㅞ) + 받침 (ㅇ,ㄹ,ㅁ)'으로 구성된 낱말을 받아쓰는 방법을 지도합니다.

- 자음 'ㅇ,ㄹ,ㅁ'이 받침으로 있는 낱말에서 모음 'ㅏ'와 'ㅘ' / 'ㅐ'와 'ㅔ' / 'ㅓ'와 'ㅝ' / 'ㅣ'와 'ㅟ' / 'ㅒ'와 'ㅐ' / 'ㅖ'와 'ㅔ' / 'ㅢ'와 'ㅣ, ㅔ' / 'ㅚ'와 'ㅙ'와 'ㅞ'를 구별하기

★학습 목표★

- 자음 'ㅇ,ㄹ,ㅁ'이 받침으로 있는 낱말에서 'ㅏ'와 'ㅘ' / 'ㅐ'와 'ㅔ' / 'ㅓ'와 'ㅝ' / 'ㅣ'와 'ㅟ' / 'ㅒ'와 'ㅐ' / 'ㅖ'와 'ㅔ' / 'ㅢ'와 'ㅣ, ㅔ' / 'ㅚ'와 'ㅙ'와 'ㅞ'를 구별하기

각 모음의 발음을 구별하는 방법은 이미 앞 단계에서 학습하였습니다. 대체로 모음은 유사한 발음이 많아 혼란이 많이 발생하기 때문에 해당하는 모음을 기억하고 있어야 합니다. 모음의 발음이 분명하게 구별되지 않을 때에는 해당하는 모음의 낱말을 외우도록 합니다.

★지도할 때 주의할 점★

받침 'ㅇ,ㄹ,ㅁ'이 들어가는 낱말에 다른 낱말이 붙으면 소리가 변합니다. 이 단계에서는 발음이 달라지는 것을 배우지 않았기 때문에 낱말을 하나씩 끊어서 읽어 주세요. '생각하 다'는 [생가카다]로 발음되지만 [생∨각∨하∨다]로 끊어서 불러 주어야 합니다. 발음과 표기가 달라지는 경우는 2권에서 배우기 때문에 여기에서는 발음과 표기가 일치하는 것에 초점을 맞추어야 합니다.

## 낱말 연습하기 1, 2

아이 스스로 공부하도록 지도해 주세요.
진하게 쓴 글자를 바르게 쓰는지 확인해 주세요.

### 1회 110쪽

❶ 왕 / 왕
❷ 생선 / 생선
❸ 광대 / 광대
❹ 달팽이 / 달팽이
❺ 활 / 활

❻ 첼로 / 첼로
❼ 샐러드 / 샐러드
❽ 쉼터 / 쉼터
❾ 도마뱀 / 도마뱀
❿ 햄스터 / 햄스터

### 2회 111쪽

❶ 임금의 아내는 누구인가요?
① 앙비 ②왕비 ③ 황비 → 왕비
❷ 가족이나 일가 친척 중 나보다 손아랫사람을 무엇이라고 하나요?
① 동생 ②동생 → 동생
❸ 어떤 일을 치르는 것을 무엇이라고 하나요?
①행사 ② 행사 → 행사
❹ 하늘을 날아다니는 빠른 이동 수단은 무엇인가요?
①비행기 ② 비행기 → 비행기
❺ 일요일의 다음 날은 무슨 요일인가요?
① 얼요일 ②월요일 → 월요일
❻ 일정한 환경에서 활동하며 살아가는 것을 무엇이라고 하나요?
① 생할 ②생활 ③ 생왈 → 생활
❼ 몸을 움직여서 행동하는 것을 무엇이라고 하나요?
① 할동 ②활동 → 활동
❽ 샘에서 나오는 물을 무엇이라고 하나요?
① 샘물 ②샘물 → 샘물
❾ 음식을 끓일 때 쓰는 도구는 무엇인가요?
①냄비 ② 넴비 → 냄비
❿ 쥐와 비슷하게 생긴, 집에서 기르는 애완동물은 무엇인가요?
①햄스터 ② 헴스터 → 햄스터

## 낱말 받아쓰기 1, 2

진하게 쓴 글자의 발음에 유의하며 한 번만 불러 주세요.
단, 받아쓰기가 익숙하지 않아 잘 못 알아들었을 경우 한 번 더 불러 주세요.

### 3회 112쪽

❶ 동생
❷ 여행
❸ 생쥐
❹ 생일
❺ 생선
❻ 냉이
❼ 냉면
❽ 냄비
❾ 냄새
❿ 팽이
⓫ 앵두
⓬ 샘물
⓭ 왕자
⓮ 광산
⓯ 황새
⓰ 행복
⓱ 생각
⓲ 쉼표
⓳ 쉼터
⓴ 생활

### 4회 113쪽

❶ 행사
❷ 냉수
❸ 활짝
❹ 비행기
❺ 냉장고
❻ 선생님
❼ 달팽이
❽ 도마뱀
❾ 샘나다
❿ 맴돌다
⓫ 탬버린
⓬ 활쏘기
⓭ 활기찬
⓮ 월계수
⓯ 무말랭이
⓰ 고생하다
⓱ 행진하다
⓲ 생산하다
⓳ 나부랭이
⓴ 소금쟁이

34

## 5회 114쪽

① 무말 랭 이 무침
무말 랭 이 무침

② 생 쥐와 햄 스터
생 쥐와 햄 스터

③ 선 생 님 생 신이에요.
선 생 님 생 신이에요.

④ 왕 비가 샘 이 나서
왕 비가 샘 이 나서

⑤ 황 제의 쉼 터
황 제의 쉼 터

⑥ 월 요일에 촬 영해요.
월 요일에 촬 영해요.

⑦ 관 광 지의 황 새
관 광 지의 황 새

⑧ 요술 램 프를 활 용해라.
요술 램 프를 활 용해라.

⑨ 뱀 장어 굽는 냄 새
뱀 장어 굽는 냄 새

⑩ 활 발한 생 산 활 동
활 발한 생 산 활 동

## 6회 115쪽

| 틀린 것 찾기 | 바르게 고쳐 쓰기 |
|---|---|
| ① 쟁 과 리 소리 | 꽹 과 리 소리 |
| ② 곱 샘 은 쉬워요. | 곱 셈 은 쉬워요. |
| ③ 서로 경 챙 을 해요. | 서로 경 쟁 을 해요. |
| ④ 촬 동 적 인 어린이 | 활 동 적 인 어린이 |
| ⑤ 챙 물 이 촬 촬 | 샘 물 이 콸 콸 |
| ⑥ 비 챙 기 여 챙 | 비 행 기 여 행 |
| ⑦ 학 챙 의 챙 김 새 | 학 생 의 생 김 새 |
| ⑧ 달 챙 이 집을 지어라. | 달 팽 이 집을 지어라. |
| ⑨ 옹 달 챙 물을 마시고 | 옹 달 샘 물을 마시고 |
| ⑩ 가족 챙 사 에 초대해요. | 가족 행 사 에 초대해요. |

## 7회 116쪽

① 동 생 의 ∨ 생 각
② 활 쏘 기 ∨ 경 쟁
③ 팽 이 ∨ 돌 리 기
④ 활 기 찬 ∨ 우 리 ∨ 생 활
⑤ 할 머 니 ∨ 생 신 ∨ 잔 치
⑥ 시 장 에 서 ∨ 산 ∨ 생 선
⑦ 생 강 ∨ 냄 새 가 ∨ 나 요 .
⑧ 광 장 의 ∨ 꽹 과 리 ∨ 소 리
⑨ 돌 멩 이 ∨ 던 지 지 ∨ 마 세 요 .
⑩ 황 소 의 ∨ 생 김 새 ∨ 그 리 기
⑪ 쉼 터 에 서 ∨ 만 난 ∨ 선 생 님
⑫ 활 짝 ∨ 핀 ∨ 장 미 ∨ 한 ∨ 송 이

## 8회 117쪽

① 황 새 와 ∨ 두 루 미
② 황 사 가 ∨ 부 는 ∨ 날
③ 햄 버 거 를 ∨ 주 세 요 .
④ 경 쟁 하 는 ∨ 두 ∨ 사 람
⑤ 물 방 개 와 ∨ 소 금 쟁 이
⑥ 고 생 하 시 는 ∨ 어 머 니
⑦ 피 아 노 와 ∨ 첼 로 ∨ 연 주
⑧ 탬 버 린 과 ∨ 트 라 이 앵 글
⑨ 달 팽 이 가 ∨ 이 사 를 ∨ 가 네 .
⑩ 오 이 를 ∨ 냉 장 고 에 서 ∨ 꺼 내 요 .
⑪ 요 술 ∨ 램 프 에 서 ∨ 나 온 ∨ 요 정
⑫ 고 양 이 가 ∨ 생 쥐 를 ∨ 따 라 가 요 .

# 받침과 어려운 모음이 있는 음절을 써요 2

## ★이것을 가르쳐 주세요★

이 단계에서는 '모든 자음 + 어려운 모음(ㅘ,ㅒ,ㅖ,ㅝ,ㅟ,ㅑ,ㅖ,ㅢ,ㅚ,ㅙ,ㅞ) + 자음 받침(ㄱ, ㄴ, ㅂ)'으로 구성된 낱말을 바르게 받아쓰는 방법을 지도합니다.

• 자음 'ㄱ,ㄴ,ㅂ'이 받침으로 있는 낱말에서 'ㅏ'와 'ㅘ' / 'ㅐ'와 'ㅔ' / 'ㅓ'와 'ㅝ' / 'ㅣ'와 'ㅟ' / 'ㅐ'와 'ㅒ' / 'ㅖ'와 'ㅖ' / 'ㅢ'와 'ㅣ, ㅔ' / 'ㅚ'와 'ㅙ'와 'ㅞ'를 구별하기

## ★학습 목표★

• 자음 'ㄱ,ㄴ,ㅂ'이 받침으로 있는 낱말에서 'ㅏ'와 'ㅘ' / 'ㅐ'와 'ㅔ' / 'ㅓ'와 'ㅝ' / 'ㅣ'와 'ㅟ' / 'ㅐ'와 'ㅒ' / 'ㅖ'와 'ㅖ' / 'ㅢ'와 'ㅣ, ㅔ' / 'ㅚ'와 'ㅙ'와 'ㅞ'를 구별하기

각 모음의 발음을 구별하는 방법은 이미 앞 단계에서 학습하였습니다. 대체로 모음은 유사한 발음이 많아 혼란이 많이 발생합니다.

따라서 모음의 발음이 분명하게 구별될 때에는 발음대로 정확하게 받아쓰도록 지도하고, 모음의 발음이 분명하게 구별되지 않을 때에는 해당하는 모음을 기억하여 외우도록 하여 잘못 표기하는 받아쓰기의 문제를 해결하도록 해야 합니다.

## ★지도할 때 주의할 점★

이 단계에서는 받침 'ㄱ, ㄴ, ㅂ'이 들어가는 낱말에 다른 낱말이 붙으면 소리가 변합니다. 5단계와 9단계에서도 언급했듯이 이 단계에서도 발음과 표기가 달라지는 것을 배우지 않았기 때문에 낱말을 하나씩 읽어 주어야 합니다. '선택하다'는 [선태카다]로 발음되지만 [선∨택∨하∨다]로 끊어서 불러 주어야 합니다.

## 1회 120쪽

① 책 　 책
② 액 자 　 액 자
③ 넥 타 이 　 넥 타 이
④ 색 종 이 　 색 종 이
⑤ 권 총 　 권 총
⑥ 왕 관 　 왕 관
⑦ 병 원 　 병 원
⑧ 원 숭 이 　 원 숭 이
⑨ 햅 쌀 　 햅 쌀
⑩ 맵 다 　 맵 다

## 2회 121쪽

① 구십구 년 다음은 몇 년인가요?
　① 벡 년　② 백 년　　　백 년
② 굳게 믿는 마음을 무엇이라고 하나요?
　① 학신　② 확신　　　확 신
③ 넓혀서 크게 하는 것을 무엇이라고 하나요?
　① 학대　② 확대　　　확 대
④ 동화 '미운 오리 새끼'에 나오는 미운 오리는 커서 무엇이 되나요?
　① 백조　② 벡조　　　백 조
⑤ 검정색과 반대되는 색은 무엇인가요?
　① 흰색　② 힌색　　　흰 색
⑥ 한 손으로 다룰 수 있는 짧고 작은 총은 무엇인가요?
　① 전총　② 권총　　　권 총
⑦ 다른 곳에 가서 그 곳의 풍경을 구경하는 것을 뜻하는 말은 무엇인가요?
　① 간광　② 관광　③ 관강　　관 광
⑧ 메주로 간장을 담근 뒤에 남은 건더기로 만든 것을 무엇이라고 하나요?
　① 된장　② 덴장　　　된 장
⑨ '어렵다'의 반대되는 말은 무엇인가요?
　① 쉽다　② 십다　　　쉽 다
⑩ 웃어른을 만나는 것을 높여 부르는 말은 어느 것인가요?
　① 뱁다　② 뵙다　　　뵙 다

## 3회 122쪽

① 원
② 병 원
③ 소 원
④ 원 수
⑤ 권 총
⑥ 권 투
⑦ 왼 손
⑧ 왼 쪽
⑨ 관 심
⑩ 환 상
⑪ 계 획
⑫ 관 광
⑬ 환 경
⑭ 기 관
⑮ 맨 손
⑯ 색 깔
⑰ 펭 귄
⑱ 원 숭 이
⑲ 소 방 관
⑳ 경 찰 관

## 4회 123쪽

① 흰 색
② 선 택
③ 관 객
④ 수 학 책
⑤ 동 화 책
⑥ 오 랜 만
⑦ 맨 주 먹
⑧ 맨 바 닥
⑨ 잽 싸 다
⑩ 햅 쌀
⑪ 된 다
⑫ 환 하 다
⑬ 쉰 다
⑭ 멥 쌀
⑮ 넥 타 이
⑯ 휩 쓸 다
⑰ 휩 싸 이 다
⑱ 완 성 하 다
⑲ 완 만 하 다
⑳ 웬 만 하 면

# 어구와 문장 연습하기 1, 2

아이 스스로 공부하도록 지도해 주세요.

## 5회 124쪽

❶ 동화 책 한 권
　동화 책 한 권

❷ 햅 쌀과 멥 쌀
　햅 쌀과 멥 쌀

❸ 맨 바닥에 맨 발로
　맨 바닥에 맨 발로

❹ 넥 타이를 선 택 하다.
　넥 타이를 선 택 하다.

❺ 내가 원 한 색 깔이에요.
　내가 원 한 색 깔이에요.

❻ 색 시의 얼굴이 환 하다.
　색 시의 얼굴이 환 하다.

❼ 환 경오염이 확 실하다.
　환 경오염이 확 실하다.

❽ 시 원 한 벤 치에서 쉬다.
　시 원 한 벤 치에서 쉬다.

❾ 관 객 에게 휩 싸이다.
　관 객 에게 휩 싸이다.

❿ 수학 책 정 확 하게 펼쳐라.
　수학 책 정 확 하게 펼쳐라.

## 6회 125쪽

| 틀린 것 찾기 | 바르게 고쳐 쓰기 |
|---|---|
| ❶ 원 만 한 성격 | 원 만 한 성격 |
| ❷ 백 성의 원 성 | 백 성의 원 성 |
| ❸ 계 획 의 핵 심 | 계 획 의 핵 심 |
| ❹ 활 동 적 인 어린이 | 활 동 적 인 어린이 |
| ❺ 백 일 장이 쉽 다. | 백 일 장이 쉽 다. |
| ❻ 확 실 한 고객을 데리고 | 확 실 한 고객을 데리고 |
| ❼ 오 랜 만 에 먹는 된장 | 오 랜 만 에 먹는 된장 |
| ❽ 백 김 치 가 맵 다. | 백 김 치 가 맵 다. |
| ❾ 환 상 적 인 권 투 | 환 상 적 인 권 투 |
| ❿ 백곰이 마을을 휩 쓸 고 | 백곰이 마을을 휩 쓸 고 |

# 어구와 문장 받아쓰기 1, 2

정확한 발음으로 한 번만 불러 주세요. 단, 받아쓰기가 익숙하지 않아 잘 못 알아들었을 경우 한 번 더 불러 주세요. 띄어쓰기 (∨) 부분은 짧게 띄어 읽어 주세요.

## 7회 126쪽

❶ 환 경 ∨ 보 호 하 기
❷ 맨 발 로 ∨ 뛰 어 라 .
❸ 이 야 기 책 ∨ 선 택
❹ 관 찰 ∨ 일 기 ∨ 쓰 기
❺ 차 고 ∨ 시 원 한 ∨ 샘 물
❻ 책 상 ∨ 위 의 ∨ 색 연 필
❼ 아 빠 의 ∨ 흰 색 ∨ 넥 타 이
❽ 우 리 의 ∨ 소 원 ∨ 통 일
❾ 아 름 다 운 ∨ 바 다 의 ∨ 광 경
❿ 토 끼 야 ∨ 잽 싸 게 ∨ 도 망 가 라 .
⓫ 오 랜 ∨ 시 간 ∨ 후 에 ∨ 만 나 요 .
⓬ 오 른 발 ∨ 왼 발 로 ∨ 바 르 게 ∨ 서 기

## 8회 127쪽

❶ 무 지 개 ∨ 색 깔
❷ 원 숭 이 의 ∨ 바 나 나
❸ 여 름 방 학 ∨ 계 획
❹ 내 가 ∨ 깬 ∨ 유 리 창
❺ 나 는 ∨ 오 늘 ∨ 쉰 다 .
❻ 아 기 의 ∨ 환 한 ∨ 얼 굴
❼ 관 광 지 의 ∨ 환 경 오 염
❽ 엄 마 가 ∨ 만 드 신 ∨ 된 장
❾ 개 미 의 ∨ 생 활 ∨ 관 찰 하 기
❿ 차 고 ∨ 거 센 ∨ 겨 울 바 람
⓫ 소 방 관 ∨ 아 저 씨 ∨ 고 마 워 요 .
⓬ 동 물 ∨ 병 원 ∨ 의 사 ∨ 아 저 씨

# 종합 평가 2회

실제로 시험을 보는 자세로 임하게 지도해 주세요.
정확한 발음으로 한 번만 불러 주세요.

## 2회 128쪽

**틀린 것 찾기**

1. 깽 과 리 소리
2. 셈 물 이 칼 칼
3. 계 획 의 핵 심
4. 할 동 적 인 어린이
5. 한 상 적 인 건 투 시합
6. 김치가 멥 다 .
7. 힙 쓸 고 지나간 바람
8. 오 렌 만 에 먹는 댄 장
9. 할 기 찬 경 젱 을 해요.
10. 비 행 기 타고 여 헹 가요.

**바르게 고쳐 쓰기**

1. 꽹 과 리 소리
2. 샘 물 이 콸 콸
3. 계 획 의 핵 심
4. 활 동 적 인 어린이
5. 환 상 적 인 권 투 시합
6. 김치가 맵 다 .
7. 휩 쓸 고 지나간 바람
8. 오 랜 만 에 먹는 된 장
9. 활 기 찬 경 쟁 을 해요.
10. 비 행 기 타고 여 행 가요.

## 2회 129쪽

1. 서 로 사 귀 어 요 .
2. 위 치 가 바 뀌 다 .
3. 상 쾌 한 기 분
4. 미 워 하 면 후 회 해 요 .
5. 연 날 리 고 팽 이 치 고
6. 돼 지 우 리 에 사 는 돼 지
7. 동 생 의 동 화 책 보 세 요 .
8. 할 머 니 누 워 서 쉬 세 요 .
9. 빨 간 스 웨 터 가 참 예 쁘 다 .
10. 줄 서 서 차 례 를 지 켜 요 .
11. 흰 우 유 가 정 말 차 가 워 요 .
12. 사 과 를 냉 장 고 에 서 꺼 내 요 .

# 종합 평가 2회

실제로 시험을 보는 자세로 임하게 지도해 주세요.
정확한 발음으로 한 번만 불러 주세요.

## 2회 130쪽

1. 까 마 귀 와 당 나 귀
2. 참 새 가 지 저 귀 고
3. 얘 야 이 리 오 너 라 .
4. 의 자 가 지 고 오 세 요 .
5. 오 빠 의 바 지 를 꿰 매 다 .
6. 해 가 내 리 쬐 어 더 워 요 .
7. 개 미 의 생 활 관 찰 하 기
8. 겨 울 방 학 계 획 세 우 기
9. 자 동 차 바 퀴 가 굴 러 간 다 .
10. 탬 버 린 과 트 라 이 앵 글 치 기
11. 씀 바 귀 라 는 풀 아 니 ?
12. 활 짝 핀 해 바 라 기 보 세 요 .

## 2회 131쪽

1. 맨 발 로 뛰 어 라 .
2. 다 람 쥐 가 쉬 네 요 .
3. 모 자 씌 워 줘 라 .
4. 최 고 가 되 어 야 지 .
5. 달 팽 이 가 이 사 를 가 네 .
6. 신 나 는 주 사 위 던 지 기
7. 추 위 와 싸 워 서 이 겨 라 .
8. 풍 요 로 운 농 촌 광 경
9. 귀 뚜 라 미 소 리 가 들 려 요 .
10. 너 무 어 두 워 서 무 서 워 요 .
11. 예 의 바 르 게 인 사 하 세 요 .
12. 다 람 쥐 야 잽 싸 게 도 망 가 라 .

39

**2회 132쪽**

| | | | | | | | | | | | | |
|---|---|---|---|---|---|---|---|---|---|---|---|---|
| ❶ | 황 | 새 | 와 | | 두 | 루 | 미 | | | | | |
| ❷ | 걔 | 가 | | 누 | 구 | 더 | 라 | ? | | | | |
| ❸ | 쇠 | 고 | 기 | | 사 | | 오 | 너 | 라 | . | | |
| ❹ | 피 | 아 | 노 | 와 | | 첼 | 로 | | 연 | 주 | | |
| ❺ | 시 | 계 | | 보 | 고 | | 예 | 매 | 하 | 기 | | |
| ❻ | 지 | 우 | 개 | | 바 | 꿔 | | 주 | 세 | 요 | . | |
| ❼ | 누 | 나 | , | 사 | 마 | 귀 | 가 | | 보 | 여 | 요 | . |
| ❽ | 무 | 늬 | 가 | | 아 | 주 | | 희 | 미 | 해 | 요 | . |
| ❾ | 차 | 고 | | 거 | 세 | 게 | | 부 | 는 | | 바 | 람 |
| ❿ | 황 | 소 | 의 | | 생 | 김 | 새 | 를 | | 그 | 려 | 라 |
| ⓫ | 소 | 방 | 차 | 와 | | 소 | 방 | 관 | | 아 | 저 | 씨 |
| ⓬ | 요 | 술 | | 램 | 프 | 에 | 서 | | 나 | 온 | | 요 정 |

★이것을 배웠어요★

6~10단계에서는 발음과 쓰기가 일치하는 것 중에서 받침이 없는 어려운 모음의 글자와 쉬운 받침이 있는
어려운 모음의 글자를 공부했습니다.

| | 1단계 | 'ㅓ'와 'ㅝ', 'ㅣ'와 'ㅟ' 구별하기 |
|---|---|---|
| 받침이<br>없는 글자 | 2단계 | 'ㅐ'와 'ㅒ', 'ㅔ', 'ㅚ'와 'ㅣ', 'ㅖ' 구별하기 |
| | 3단계 | 'ㅚ'와 'ㅙ'와 'ㅞ' 구별하기 |
| 받침이<br>있는 글자 | 4단계 | 'ㅇ, ㄹ, ㅁ' 받침이 있는 어려운 모음 구별하기 |
| | 5단계 | 'ㄱ, ㄴ, ㅂ' 받침이 있는 어려운 모음 구별하기 |

★이것만은 다시 확인해요★

다음 세 가지를 아이가 정확하게 구별하는지 주의 깊게 살펴보세요.

① 'ㅓ'와 'ㅝ', 'ㅣ'와 'ㅟ'의 모음을 구별하나요?

② 'ㅐ'와 'ㅒ', 'ㅖ'와 'ㅔ', 'ㅚ'와 'ㅣ, ㅖ'의 모음을 구별하나요?

③ 'ㅚ'와 'ㅙ'와 'ㅞ'의 모음을 구별하여 쓸 수 있나요?

# 국내 최초! 우리말 어법에 기초한 받아쓰기 프로그램!

이 책은 초등 국어 교과서를 집필한 최영환 교수가 우리말의 원리와 아이의 언어 습득 과정을 분석하여 만든 특별한 받아쓰기 프로그램입니다. 이 프로그램을 통하여 아이는 국어 듣기, 쓰기 능력을 놀랍도록 향상시킬 수 있고, 국어 공부에 필요한 다양한 문법 지식까지 자연스럽게 익힐 수 있습니다. 총 4권, 40단계로 구성되어 있으며 학년에 관계 없이 1권부터 공부할 수 있도록 짜여진 프로그램식 교재입니다.

어떤 낱말도, 어떤 문장도 척척!
엄마, 이젠 뭐든지 받아쓸 수 있어요~!